# ガンディー「知足」の精神



森本達雄 編訳

人間と歴史社

左●南アフリカ時代（青年弁護士）
上●南アフリカ時代（サッティヤーグラハ闘争の指導者）

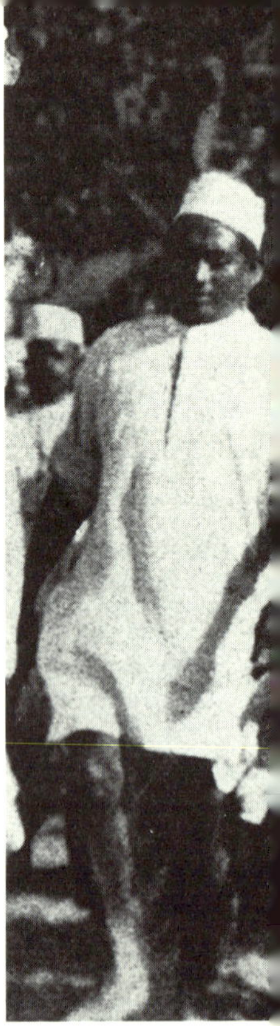

上●1915年南アフリカからインドに帰った
ガンディー夫妻

右●インドにおけるガンディー闘争の拠点
となったサーバルマティー・アーシュラム

上●塩の行進
左●ロマン・ロランと（あとがき参照）

瞑想するガンディー

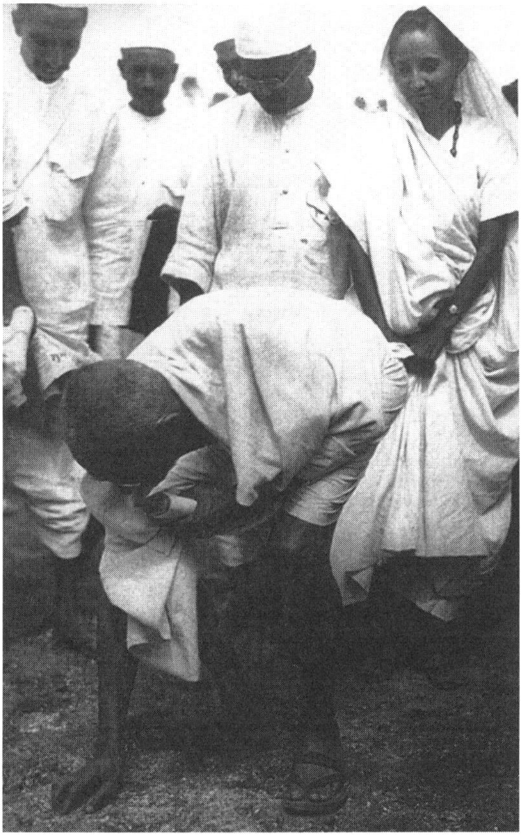

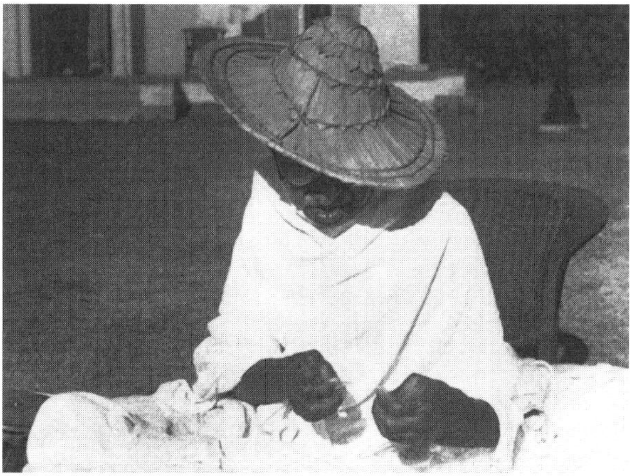

上左●1930年塩の行進を終えてダンディー海岸で塩を拾うガンディー。第2回非協力運動ののろしとなる

上右●ヒンドゥー＝ムスリムの宗教暴動を鎮めるため北インドのノーアカーリーの村々を訪ねるガンディー

左●暗殺の地となったビルラー邸で

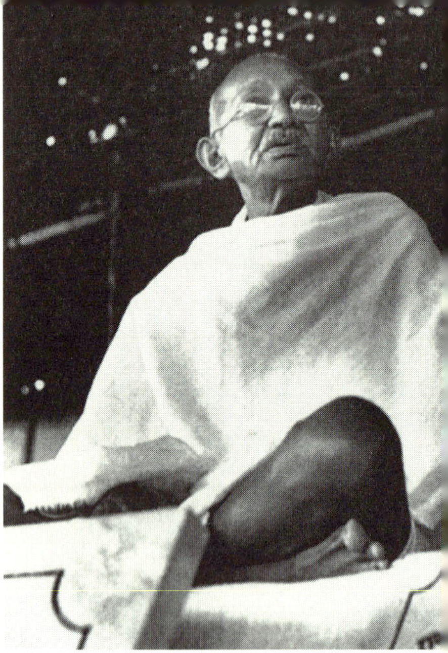

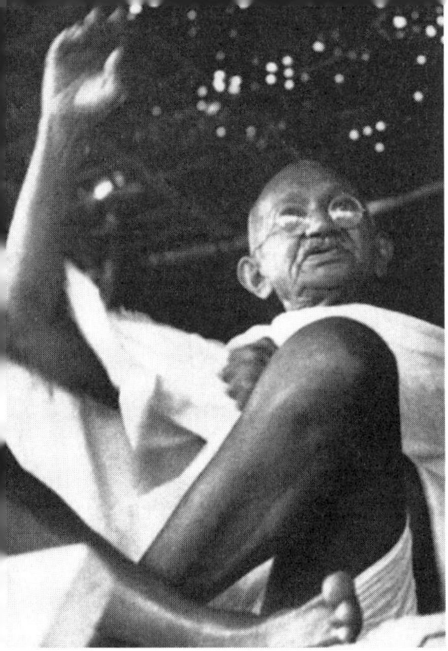

左●民衆に語りかけるガンディー
左頁下●糸を紡ぐガンディー

ガンディー暗殺の地ビルラー邸（現在ガンディー記念館）

# ガンディー「知足」の精神

目次

# 第1章
# 「非暴力」の道

1

## 破壊は人間の法ではない

非暴力は人類に託された最大の力である。それは、人間の創意の才能によって考え出された最強の武器よりなお強大である。破壊は人間の法ではない。人は、必要とあらば、同胞《とも》の手にかかって死ぬ覚悟があってこそ自由に生きるのであり、けっして同胞を殺すことによってではない。いかなる理由《わけ》があるにせよ、他人を殺したり、危害を加えたりすることは、すべて人間性にもとる犯罪行為である。

2

## 非暴力は人類の法である

わたしは夢想家ではない。わたしは実際的な理想主義者であると自認している。非暴力の宗教［信条］は、たんに賢者《リシ》や聖者たちのものではなく、ひとしく一般大衆のためのものである。暴力が獣類の掟であるように、非暴力は人類の法である。獣類にあっては精神は眠っており、そこでは体力の掟だけが罷《まか》り通る。これにたいして人間の尊厳は、より高度な法に、すなわち精神の力に従うことを求める。

それゆえわたしは、あえてインドの前に、自己犠牲という古代《いにしえ》の法を提起したのである。なぜなら、サッティヤーグラハ[❖1]とその分身である非協力や市民的抵抗運動は、すべて受難の法に与えられた新しい名称にほかならないからである。暴力のさなかにあって非暴力の法則を発見した賢者たちは、ニュートンよりも偉大な天才たちであり、ウェリントン[❖2]よりも偉大な勇者たちであった。賢者たちは、自ら武器を行使することを知っていながら、その無益さを悟り、救いは暴力によってではなく、非暴力によってもたらされることを疲弊した世に教えたのである。

非暴力が活動的《ダイナミック》な状態にあるとき、それは自らすすんで苦難を甘受する。それは、悪人の意志に諾々として服従するのではなく、全身全霊をもって圧制者にたいして抵抗することを意味する。われわれ人間存在のあるべき法にしたがって行動するとき、たったひとりでも、個人《ひと》は自らの名誉や宗教や魂を守るために、不正な帝国の全権力の前に立ちはだかり、その帝国の壊滅に、ひいてはその帝国の復興に基礎をおくことができるのである。

❖1　**サッティヤーグラハ**……ガンディーの闘争の原理を簡潔に表現した彼の造語。ガンディーは初め、彼の非暴力の闘いをトルストイにならって「受動的抵抗」という語で表現していたが、「受動的」という語はいかにも消極的に思われた。その後、ヘンリー・ソローの「市民的不服従・市民的抵抗」という語に遭遇して、この語を借用したこともあったが、いずれの呼称にも、彼の考える「非暴力・愛」という真意が表に出ないものたりなさを感じていた。そのうえ民族の闘争を、彼に従う無学なインド人労働者たちとは無縁な外国語で呼ぶのもどうかと考え、『インディアン・オピニオン』紙に自分たちの運動に適した語を一般募集したところ、応募のなかに「正しきを堅持する」という意味の「サダーグラハ」という語があった。ガンディーはよろこんだ。そしてその語をさらに「真理を堅持・固執する」という意味の「サッティヤーグラハ」という語におきかえた。そしてこの語は、ガンディーの生涯の闘争を表すキーワードとなった［第3章解説参照］。なお「サッティヤーグラヒ」は「サッティヤーグラハの信奉者・実践者」を意味する。

❖2　**ウェリントン**……イギリスの軍人（1769～1825）。ワーテルローの決戦でナポレオン軍を破ったことで知られる。

## 3
## わたしが仕掛ける魂の抵抗

非暴力は「不正にたいするいっさいの真正な闘いを放棄するものではない」。それどころかわたしの考える非暴力は、復讐よりも、もっと積極的、かつ真正な悪との闘いである。なぜなら復讐は、本来その性質からして不正を増大させるからである。わたしは不道徳にたいする精神的抵抗を、そして精神的なるがゆえに道徳的抵抗を考えるのである。わたしが求めるのは、圧制者の剣の刃に劣らぬ鋭利な刃をむけるのではなく、わたしが物理的な抵抗を仕掛けてくるだろうとの相手の予測をはぐらかすことによって、圧制者の剣先を完全に鈍らせようとすることである。わたしが仕掛ける魂の抵抗は、相手には理解できないだろう。それは初めは彼を眩惑させるだろうが、最後《つい》には認めざるをえなくするだろう。そしてそれを認めたことで、圧制者は屈辱を受けることはないだろうし、むしろ精神的に高められるだろう。これこそ理想的な状態だと言えるかもしれない。事実そのとおりである。

4

非暴力的にならなければならないというなら、もっとも身分賤しい人、下層の人たちが［欲しくとも］所有できない、地上のいかなるものをも欲しがってはならない。

5
## 臆病者には望むべくもない

わたしの非暴力の信条は、きわめて積極的・行動的な力である。そこには、臆病や気弱ささえ入り込む余地はまったくない。暴力的な人ならば、いつかは非暴力的になる望みはあるが、臆病者にはそれすら望むべくもない。したがって、わたしは一度ならず本紙［『ヤング・インディア』紙］❖に書いたのである――もしわたしたちが自分たち自身や、自分たちの保護下にある女性たち、あるいは自分たちの礼拝所を、受難の力、言いかえると非暴力によって、いかにして護ればよいかがわからないというなら、いやしくも男子たる者、腕ずくででもこれらすべてのものを護ることができなくてはならない、と。

❖ **『ヤング・インディア』紙**……ガンディーは生涯の公生活をつうじて、南アフリカ時代には、週刊紙『インディアン・オピニオン』（1904年発刊）を、インドに帰国後は、1919年に『ナヴァージーヴァン（新生）』と、その英語版

『ヤング・インディア』（同紙は、1933年に、不可触民制廃止の急務を痛感して、『ハリジャン（神の子）』と改称された）を刊行して、毎号精力的に論説を書きつづけ、これらを闘争の強力な武器とした。

## 6
## 永久に和解できない敵意があるとは思えない

剣を放棄したいま、わたしが敵対する人たちにさしだすことができるのは、愛の杯《さかずき》をおいてほかにはない。愛の杯をさしだすことで、わたしは彼らを身近かに迎えいれることができると考えている。人間相互のあいだには、永久に和解できない敵意があるとは思えない。ましてやわたしのように、輪廻転生の教義《おしえ》を信じるとき、今生《こんじょう》でなくとも、いつか来世で全人類を友情の抱擁をもって抱くことができるだろうとの、希望をもって生きていけるのだ。

## 7

愛の法則は、わたしたちがそれを認めようと認めまいと、引力の法則のようにはたらく。

## 8
## あの世とか楽土といったようなものは存在しない

世俗の諸事万般に非暴力を実践してこそ、その真価を知ることができる。それは、天国を地上にひきおろすことである。［実際には］あの世とか楽土といったようなものは存在しない。どの世界もみな同じである。

「この世」もなければ「あの世」もない。ジーンズ❖が論じたように、世界最強の望遠鏡をもってしても見ることのできない、最果ての星々をも含めた全宇宙が、一つの原子に圧縮され、還元されるのである。

したがってわたしは、非暴力の使用を、［行者や賢者のような］洞窟の住人に限定したり、あるいは来世で好ましい地位を得るために積む功徳と考えるのは、誤りだと思っている。すべての美徳は、日常的な人生の目的に役立つのでなければ、物の用に立たなくなってしまう。

❖ **ジーンズ**……イギリスの著名な天文学者・物理学者（1877〜1946）。

9

## 無際限な無私

それではここで、アヒンサー［解説参照］の淵源《ルーツ》を温《たず》ねてみよう。それは無際限な無私である。無私とは自己の肉体への執心からの完全な解放を意味する。もし人が自己実現を、すなわち「真理」を願うならば、肉体への執着から完全に離脱することによって、言いかえると、生きとし生ける他のすべての存在《もの》に［怖れをいだかせず］安心感を与えることによってのみ、それをすることができるだろう。

10

アヒンサーとは、ただたんに殺さないということ［不殺］を意味するのではない。ヒンサーとは、怒りや利己的な目的から、あるいは傷害の意図をもって、なんらかの生命《いのち》に苦痛を与えたり、殺害を加えることである。そういう行為を抑制するのがアヒンサーである。

11

## 暴力の策謀を打破できる唯一の力

生涯にわたるアヒンサーの実践のおかげで、わたしは、きわめて不完全ながら、自らアヒンサーの老練家《ヴェテラン》を自認している。アヒンサーの絶対概念から言えば、わたしはアヒンサーを行なえば行なうほど、自分がアヒンサーの完全な表現からいかに遠いかがいっそう明らかになってくる。世人の最大の義務《つとめ》である、このことに気づかないために、現代では、非暴力は暴力にたいしてほとんど抵抗できないと、人びとは言う。これにたいして、わたしはあえて言いたい――今日の原子爆弾の時代にあっては、純粋な非暴力のみが、結集する暴力の策謀を打破できる唯一の力である、と。

12

## 信用できなくなると、たちどころに敵にまわる

人と人との互いの信頼や愛は、ほんとうの信頼でも愛でもない。真《まこと》の愛は、あなたを憎む人たちを愛することであり、たとえ信じていなくても、隣人を愛することである。わたしには、イギリスの官界に不信感をいだくしかるべき正当な理由がある。もしわたしの愛が真正《まこと》であれば、わたしは不信感をいだきながらも、イギリス人を愛さなければならない。わたしが友人を信頼するかぎりにおいてのみ、その人を愛するというのであれば、そのような愛はなにほどの役に立つだろうか。盗賊でさえ、そのくらいのことはやっている。彼らは信用できなくなると、たちどころに敵にまわるのだ。

13

アヒンサーは、わたしにとってたんなる理論ではない。それは広範な経験にもとづく生の事実である。

14

アヒンサーは、世界が有する最強の力である。しかもそれは、考えうるもっとも謙虚な力である。

15

アヒンサーの信念は、いっさいの邪《よこしま》な思念や過度な焦燥、虚偽、憎悪、他人を呪う気持《こころ》などによって損なわれる。

16

暴力は不平等によって、非暴力は平等によって培われる。

17

アヒンサーは科学のようなものである。「失敗」という言葉は、科学の語彙《ごい》にはありえない。期待していた結果が得られなかったばあい、それはしばしば、さらなる発見の前提になるからである。

18

## 武器を所持するのは臆病の証

非暴力と臆病とは、共に手をたずさえて歩むことはできない。完全武装した人が、心底では臆病者であるという光景を、わたしは心に思い描くことができる。武器を所持するのは、臆病の証《あかし》とまでは言わないまでも、恐怖の要素がひそんでいることを暗に意味するものである。真の非暴力は、怖れを知らぬ純粋な勇気なくしては不可能である。

19

## わたしは非暴力の教訓を妻から学んだ

世界中のすべてのネズミが集まって会議を開き、これからはもうネコを怖れることをやめて、いっせいにネコの口に突進しようと決めたなら、ネズミたちはかえって生きのびるだろう。わたしは実際に、ネコがネズミをいたぶっているところを見たことがある。ネコはすぐにはネズミを殺さず、口にくわえては放す。それからネズミが逃げ出そうと必死になってあがくと、すかさず、ふたたびネズミに襲いかかる。とうとうネズミは恐怖のあまり死んでしまった。もしネズミが逃げ出そうとしなかったら、ネコはそんな戯れを楽しまなかったろう。

わたしは非暴力の教訓《おしえ》を妻から学んだ。それは、わたしが妻を自分の思いどおりに従わせようとしたときであった。妻は一方では、わたしの意志に断固抵抗しながら、また一方では、黙って従順に、わたしの愚劣さがもたらした苦痛に耐えたが、このことが最終的にわたしを恥じいらせ、自分は生まれつき妻を支配できるのだとの愚かな思いあがりを改めたのだった。こうしてついに、妻はわたしの非暴力の師になったのである。わたしが南アフリカでやったことは、妻がはからずも身をもって実践した、サッティヤーグラハの方式を拡大しただけのことである。

## 20
## 恕しは強者だけの特性である

個人にとって言えることは、国民にとっても言える。人はそんなにも多く赦してばかりはいられない。弱者は［心中では］けっして赦すことはできないでいる。恕《ゆる》しは強者だけの特性である。

## 21
## 武器を取りあげると兵士はたいてい無力になる

武装兵士は、彼の力を武器に頼っている。兵士から銃や剣など武器を取りあげると、兵士はたいてい無力になる。ところが、ほんとうに非暴力の道理を実感している人は、彼の武器に神から授かった力をもっている。世界広しといえども、これに匹敵する力を知っている人はいない。

## 22
## その背後には手を動かす人間の心がある

空中から死の雨を降らせる者には、いったい自分が誰を、また何人を殺したのか知る機会すらない。そんな人間的な接触のないところで、どうして非暴力をもって空中戦を展開できるだろうか。この疑問にたいする答えは、死をもたらす爆弾の背後にも、それを投じる人間の手があり、さらにその背後には、手を動かす人間の心があるということである。また、威嚇政策の背後には、この方法でじゅうぶんうまくいけば、思いどおりの結果が得られるだろうという思惑《おもわく》が、言いかえると、敵対する者を圧制者の意志に屈従させることができるだろうとの思惑がある。そこで人民が、圧制者の意志《おもい》のままになるまい、また圧制者のやり方では復讐すまいと心に決めたなら、圧制者は彼の威嚇政策を続けても価値《いみ》がないことに気づくだろう。もし暴君に十分過ぎる食べ物が与えられれば、そのうちに彼は食べ飽きて食傷する時が来るだろう。

## 23
## 非暴力が生の理法として受け容れられるとき

(1) 非暴力は人類の理法であり、獣類の力の掟よりはるかに偉大にして、すぐれている。

(2) 非暴力はしょせん、愛の神への生きた信仰をもたない者には、なんら資するところはない。

(3) 非暴力は、人の自尊心や名誉心を完全に保護してくれるが、土地や動産の所有権をかならずしも守ってくれるとはかぎらない。もっとも、つねに習慣的に非暴力を実践することは、土地や動産を守るために武装警備員を傭っておくよりも、はるかに堅牢な防壁をめぐらすことになるのは、言うまでもないが。非暴力は、物事の本質・道理から言っても、不正利得や不道徳な行為の防御にはなんら役立たない。

(4) 非暴力を実践しようとする個人や国家は、名誉以外のすべて（国家のばあいは最後の一人《いちにん》までも）を犠牲にする覚悟がなければならない。したがって非暴力は、他民族の国を領有しようとする、すなわち近代的帝国主義とは明らかに相容れない。なぜなら、近代的帝国主義は、防衛のためにはあからさまに力［軍事力］にたよるからである。

(5) 非暴力は、人びとが愛の神に強烈な信仰をいだいているとき、したがって、全人類に平等な愛をいだいているときに、老若男女を問わず子どもたちにいたるまで、万人がひとしく行使できる力《パワー》である。非暴力が生の理法として受け容れられるとき、それは限定された個別の行為だけではなく、人間の全存在に滲透しなければならない。

(6)［非暴力の］理法は、人間個人にとっては、なるほどけっこうな教えではあるが、集団には適さないと考えるのは、ゆゆしき誤りである。

## 24
## 悪は暴力によってのみ維持される

従来、非暴力は意識的に、悪をなす者に対抗する暴力《ちから》というふうに表現されてきた。［しかし］わたしは国民に向かって、暴力的な非協力運動は悪を増幅するだけであり、悪は暴力によってのみ維持されるのだから、悪の支援を撤回するためには完全に暴力を断つ必要があることを説明しようと努めているのだ。非暴力には、悪にたいする非協力に加えられる刑罰を莞爾《かんじ》として受容するだけの覚悟がなくてはならない。

## 25
## 勇者の非暴力

非暴力は、いかなる外的・表面的な訓練をも必要としない。それはただ、報復のためにも人を殺すまいという意志と、遺恨をいだかず死に直面する勇気だけを要求する。これはアヒンサーの教説ではなく、冷静な理性と普遍的な理法の説くところである。この理法への不滅の信仰が与えられれば、どのような忿怒《ふんぬ》も、忍耐の修練にとって大きすぎるということはない。これをわたしは、勇者の非暴力と言ってきたのである。

## 26
## 非暴力は四分の三までが不可視

口先の訓示によって人びとを訓練することはできない。非暴力は説教できるものではない。それはつねに実践されなければならない。暴力の演習は、形あるものによって人びとに教えることができる。最初は板を撃ち、つぎは標的を、それから動物を狙うといったぐあいに。そうすることで、あなたがたは破壊の技術の専門家として通用することになる。非暴力の人は、そうした形ある武器をもたない。……暴力のばあいには、なにひとつ目に見えないものはない。これにたいして、非暴力は四分の三までが不可視であり、したがって、その効力はその不可視さに反比例する。非暴力が積極的にはたらくとき、それはものすごい速力で進行し、奇跡を喚《よ》ぶ。そのために、大衆の心ははじめのうちは識《し》らず識らずのうちに、やがては意識的に影響される。それが意識的に影響されはじめるとき、勝利はもはや明らかである。

わたしが非暴力によって自治《スワラージ》を獲得しなければならないなら、わたしは国民大衆を訓練する必要がある。不具者や盲人や癩病患者は暴力の軍隊には入れない。それから、兵役には年齢制限もある。非暴力の闘争には年齢制限はないし、盲人も不具者も、寝たきりの病人も戦列に参加できる。また、そこでは男女の別はない。非暴力の精神が国民のあいだに滲透し、実際にはたらきはじめるとき、その効果はだれの目にも明らかである。

## 27
## 相互間の寛容が非暴力である

他人との個人的な関係では非暴力を採《と》らずにいて、もっと大きな［集団的・社会的］事象にそれを用いたいと考える人がいるとすれば、その人は重大な誤りをおかしている。非暴力は慈愛のこころと同様、まず家庭から始まらなければならない。

ところで、個人が非暴力を身につけるために訓練を受ける必要があるというなら、国民のばあいも同じように、訓練を受けることがいっそう必要になる。人は、内輪のなかで非暴力的でありながら、外部《そと》では暴力的になれるはずはない。そうでなければ、自分の身内のあいだですら、ほんとうに非暴力とはいえない。言いかえると、そのような非暴力は、しばしば表面的な見せかけにすぎない。あなたの非暴力が実際に試されるのは、あなたが抵抗に遭遇するときだけである。すなわち、たとえば盗賊だとか殺人者を目の前にするときである。そのときあなたは、相手の持つ武器をもって盗賊に立ち向かい、あるいはそうすることを義務と心得るか、それとも愛のこころをもって相手に武器を放棄させようとするかである。常識のあるまともな人たちのあいだで暮らしているときには、あなたの行為は非暴力的だとは言えないかもしれない。

相互間の寛容が非暴力である。したがってあなたは、非暴力が人生の法《のり》であるとの信念を得たなら、ただちに、自分に向かって暴力的な行為をする者にたいしても、非暴力を実践しなければならない。そしてこの法則は、個人と同様、民族や国民にも適応されなければならない。それゆえ、訓練が必要なことは疑うべくもない。たしかに、［なにごとも］初めはつねに小さく目立たない。しかし、不退転の決意があれば、他のことはおのずからに開けるであろう。

## 28
## 争いを止めるために生命を投げだすことも辞さない

暴力の訓練では人殺しの業《わざ》を学ばなければならないが、同様に、非暴力の訓練では死ぬ業を学ばなければならない。暴力というのは、恐怖からの解放ではなく、恐怖の原因と戦う手段を発見することである。これに反して、非暴力にはなにひとつ怖れをいだく理由はない。非暴力の信奉者は、恐怖から自由になるために、最高のかたちでわが身を犠牲にする能力《ちから》を身につけなければならない。非暴力の信奉者は、たとい土地や財産や生命を失うようなことがあろうとも、気にかけることはない。すべての恐怖にうち勝った人でなければ、完全にはアヒンサーを実践することはかなわない。アヒンサーの信奉者にも、ただひとつ畏《おそ》れるものがある。それは神である。おおよそ神に隠れ家を求める人ならば、肉体を超絶したアートマン❖を一瞥すべきである。そうして人は、不滅のアートマンを一瞥した瞬間、滅びゆくはかない肉体にたいする愛着を捨て去ることができるのだ。このように、非暴力の訓練は、暴力の訓練と真っ向から対立する。暴力は、外界の物を警護するために必要であり、非暴力はアートマンの守護と、人間の名誉の擁護のために必要である。

この非暴力は、家庭にじっととどまっていたのでは習得できない。それには冒険心が必要である。自らを試すために、わたしたちは危険や死に立ち向かい、肉欲を制し、あらゆる苦難に耐えしのぶ能力を身につけるべきである。二人の男が喧嘩をしているのを見かけたとたんに震えあがり踵を返すような人は、非暴力的ではなく、ただの臆病者である。非暴力の人は、そうした争いを止めるために、生命を投げだすことも辞さないだろう。非暴力者の勇気は、暴力者のそれにはるかにまさる。暴力者の記章《しるし》は彼の武器——槍や剣や銃である。これにたいして非暴力の人の盾は神である。

以上は、非暴力を習得せんと志す人に向けた、訓練の必修教材といったものではないが、わたしがここに述べた原理から、人を啓発することは容易である。

❖ **アートマン**……「霊魂・生命・真我・最高我」などを意味するインド哲学の重要用語。とりわけ『ウパニシャッド』哲学では、人間の真我アートマンは、宇宙の根本原理ブラフマンと一如をなす（梵我一如）と考えられる。そして人は、この内なるアートマンを悟ったとき、魂はいっさいの束縛から解放されて、解脱のよろこびに至ることができるとされる。

## 29
## あせりは革命家のヴィジョンを曇らせ道を踏みまどわせる

わたしは革命家の英雄的行為や犠牲を否定するものではない。しかし、誤れる大義名分のもとでおこなわれる英雄的行為や犠牲は、すぐれたエネルギーのあまりにも大きな浪費であり、間違った大義名分に誤用される英雄的行為や犠牲の華々しさで人の目を奪い、かえって正しい運動を害することになる。

わたしは英雄的で自己犠牲的な革命家の前に胸を張って立ち、なんら恥じるところはない。なぜならわたしは、非暴力の戦士たちの優るとも劣らぬ英雄的行為や犠牲をもって、彼らに対抗できるからである。一人の罪なき人の自己犠牲は、他人を殺すという行為のうちに死んでゆく百万人の者の犠牲よりも、百万倍も効果的である。罪なき人が嬉々として己を犠牲に供する姿は、傲慢な独裁者にたいする、神や人に考えうる最大強力な応酬である。

わたしは革命家たちの注目を、スワラージ［自治・独立］をはばむ三つの大きな障害に向けたい——すなわち紡ぎ車のいまだ不完全な普及と、ヒンドゥー＝ムスリムの不和・対立と、被圧迫階級への非人間的な迫害である❖。革命家たちがこのじみな根気を要する建設事業に、しかるべき貢献を果たしてくれるよう、わたしは幾重《いくえ》にもお願いする。たしかにそれは、大向うを唸《うな》らせるようなかっこよいものではないかもしれない。しかし、まさにそのために、それは英雄的ともいえる忍耐と、無言の持続力と、革命家たちのあいだでとりわけすぐれた人たちにしか表わせない謙譲を必要とする。あせりは革命家のヴィジョンを曇らせ、道を踏みまどわせる。

飢えた大衆のあいだで自らに課した、退屈で見栄えのしない飢餓状態［断食や粗食］は、誤れる賞讃を浴びながら断頭台に華々しく散ってゆく死よりも、いつどんなときにも、はるかに英雄的でさえある。

❖ **紡ぎ車―(略)―被圧迫階級への非人間的な迫害**……ガンディーは政治的

には、イギリス帝国主義の軛《くびき》を断ち切って、同胞に自由と独立《スワラージ》をもたらすことを目標に闘った。と同時に社会的には、スワラージを達成したとき、独立国民にふさわしい経済的自立（紡ぎ車はその象徴であった）と、社会的平等を準備しておくことの急務を説いた。したがって、ガンディーにとっては政治的自立と社会的平等、経済的自立の達成は、あたかも車の両輪のように同時に進行すべきものであった。この点、ナショナリストの多くがまずイギリスからの政治的独立の獲得を、国内の貧困や不平等の問題は独立後に、と唱えたのとは大きく違っていた。

## 30
## アナーキストにたずねる

わたしはアナーキストの祖国愛をたたえる。わたしは、国家のために嬉々として死んでゆくアナーキストの勇気をたたえる。しかし、わたしはアナーキストにたずねる――殺人は名誉ある行為だろうか、暗殺者の剣は名誉ある死にふさわしい前兆《しるし》といえるだろうか、と。わたしの答えは「否《ノー》」である。

## 31
## わたしは歴史というものを信じていない

わたしは殺人や暗殺やテロ活動を、どんな状況下においても絶対によしとはしない。殉教者たちの血に養われるときには、理想の成熟度は速進するものと、わたしは確信している。けれども、奉仕活動の途上でマラリアに罹って徐々に死んでゆく人も、断頭台でいさぎよく露と消えてゆく人と同じように、立派に血を流すのだ。しかも、もし断頭台で死ぬ人が他人の死にかんして無実でなければ、その人は成熟に値する理想をもっていなかったことになる。……

彼ら革命家たちの活躍を、グル・ゴーヴィンド・シング[1]、ワシントン、ガリバルディ[2]、レーニンなどと比較するのは、きわめて危険で、誤解をまねきかねない。しかし、非暴力の理論を基準に考えると、わたしは躊躇することなくこう言うだろう――もしわたしが彼らの同時代人として、それぞれの国に生きていたなら、わたしは彼らの銘々を傑出した勇敢な戦士であることは認めるが、やはり道を踏み違えた愛国者と呼ぶだろう、と。

英雄たちの所行の詳細にかんするかぎり、わたしは歴史というものを信じていない。わたしは、歴史のおおかたの事実は認めているし、そこから自分の行動の教訓を引き出してもいる。しかし、そのおおかたの事実が人生最高の法に矛盾するかぎりは、わたしはそれをくりかえしたいとは思わない。したがって、歴史が語る不十分な資料から人間を判断することは、絶対にしてはならないことだ。De mortuis nil nisi bonum（死者たちについては、善きこと以外なにも語るな）である。

1　**グル・ゴーヴィンド・シング**……シク教第十代のグル（師・法主＝在位1675～1708）で、ムガル帝国の宗教弾圧に抗して、護教のためシク教を強大な武装集団に組織した。

2　**ガリバルディ**……イタリアの愛国的革命家（1807～82）。イタリア統一戦争で活躍した祖国統一の中心的人物の一人。

## 32

革命家は、敵視する相手の精神《こころ》をこらしめるためと勝手にきめこんで、相手の肉体を破壊する。…… 相手の精神を慮《おもんぱか》る革命家を、わたしはひとりとして知らない。彼の唯一の目的は国家の利益のためにということであり、相手の肉体や精神が滅びることにはおかまいなしだ。

## 33

暴力は、かならずや早晩、力を使い果たすにちがいないが、平和は、そのように力を枯渇することはありえない。

34

わたしは暴力に反対す――なぜなら、暴力が［結果的に偶然］善をなすように見えても、その善はほんの一時的なものにすぎず、暴力がもたらす悪は永久的だからである。

35

## 非暴力の美

非暴力は、その本来の性質からして、権力を握ることはできない。また権力は、非暴力の目標にはなりえない。しかし、非暴力にはそれ以上のことができる。すなわちそれは、政府の機構を掌中におさめることなく、効果的に権力を抑制し、導くことができる。これが非暴力の美である。

もちろん、ここに一つ例外がある。人民の非暴力による非協力運動がみごとに完全なものになったために、行政が機能しなくなるとか、あるいは外国の侵略の衝撃で行政機構が崩壊して、空白状態を招いたばあい、国民の代表たちが進み出て、空白を埋めるときがそれである。理論的には、こういう状況はありうる。

しかし、権力の行使はかならずしも暴力的である必要はない。たとえば、父が子どもたちに威厳を示すときである。ときによっては、父は子どもを罰することもあるが、暴力に訴えることはしない。最高に効果的な権力の行使は、相手をいらいらさせないものだ。正しく行使された権力は、花のように軽やかであらねばならない。だれにもその重さを感じさせてはならない。……

預言者や超人たちは、一つの時代にただ一度だけ生まれる。しかし、たとえ一人だけでもアヒンサーの理想を完全に悟った人ならば、その人の影響は社会全体におよび、社会を救出するだろう。かつてイエスが愛の道を切り拓いたとき、彼の12人の使徒たち[❖]が、彼が存在しなくなったあとも、彼の使命を遂行できたのである。

電気の法則を発見するには、幾世代にもわたる科学者たちの才能と忍耐強い努力とが必要であった。ところが今日、だれもが――子どもたちでさえもが日常生活で電力を使用している。同じように、ひとたび理想の国家が生まれれば、それを運営するのに、かならずしも完全な人物を必要とはしない。いま求められているのは、端緒となるべき完全なる社会への目覚めである。その他のことは、おのずから後《あと》に従うだろう。

❖ **12人の使徒たち**……イエスに選ばれたペテロ、ヨハネら12人の直弟子で、イエスの十字架の死後、彼の福音をひろく世に伝えた。

36

## アヒンサーの信奉者の義務は戦争をやめさせることである

アヒンサーは広汎な原理である。われわれは、燃えさかるヒンサー［殺生・暴力］の猛火に巻きこまれている無力な生き物である。生命《いのち》ある者は生命を食らって生きる、という俚諺《りげん》には深い意味合いが含まれている。人間は、意識すると否とにかかわらず、外的［肉体的］な殺生を犯さずには一瞬たりとも生きてはいられない。人が生きているという事実そのもの――すなわち飲食にも行住坐臥《ぎょうじゅうざが》にもすべて、必然的になんらかの、ヒンサーが、生命の破壊が恒《つね》に伴う。もしその人のすべての行為のでどころが慈悲心であれば、また彼が極力、もっとも微少な生き物の生命を奪うことを避け、さらにそれを救おうと努め、たえずヒンサーの致命的な縄目から逃れようと精進するならば、アヒンサーの信奉者は彼の信念に忠実に生きられる。彼の自己抑制と慈悲心は成長してゆくだろうが、［肉体をもって生きているあいだは］彼は外的［肉体的］ヒンサーから完全には免れることはできない。

さらにまた、アヒンサーの思想の根底には、いっさいの生命との一体感《ユニティー》がひそんでいるために、一人の犯した罪は万人におよばざるをえないことになり、したがって人間は、完全にヒンサーとは無縁になることはできない。人が社会的存在でありつづけるかぎり、彼は社会の存在そのものが内包しているヒンサーに関与せずにはいられない。二つの国民が戦争をはじめるとき、アヒンサーの信奉者の義務《つとめ》は、戦争をやめさせることである。その義務に対応できない者や、戦争に抵抗するだけの力のない者、［地位や立場上］戦争に反対する資格をもたない者も、戦争に加担していることになるかもしれないが、それでもなお、全身全霊をもって、自らと国民と世界を戦争から救おうと努めることはできるだろう。

37

## 解脱の歓び以外のすべての喜びは、はかなく不完全である

森の奥深くに住む修行者でさえ、心に無限の慈悲をいだいていようとも、暴力から完全には解放されてはいない。呼吸《いき》をするたびに、彼はある程度の暴力を犯すことになる。肉体そのものが、殺生の家❖だからである。そしてそれゆえに、解脱《モクシャ》と永遠の至福は、肉体からの完全な解放にある。解脱の歓び以外の［人間の日常的な］すべての喜びは、はかなく不完全である。このようなしだいだから、わたしたちは日常生活で、数多くの暴力の苦杯を飲み干さなければならない。

❖ **殺生の家**……ヒンドゥー教では、魂のモクシャ（解脱）は、自己の内なるアートマン（真我）と、宇宙の根本原理であるブラフマン（梵）との合一、すなわち「梵我一如」を目ざすとされる。しかし、人間が肉体を有するかぎり、飲み、食らい、特定の場所を占有しなければならない。すなわち、人が生きるということ、それ自体が「殺生の家」に住むことである。したがって極言すれば、人間は肉体を滅しないかぎり解脱に至ることはできないことになる。しかしガンディーは、この矛盾を生きることに人生の意味を見出そうと努めた。

38

わたしたちが肉体を有して存在する生身《なまみ》の人間であるかぎり、完全な非暴力は望むべくもない。なぜなら、わたしたちはすくなくとも、なにがし

かの空間を占有したいと望むからである。肉体を養っているかぎり、完全な非暴力は［厳密な意味では］ユークリッド幾何学にいう点や直線のように、たんなる理論にすぎないが、［ともあれ］わたしたちは、人生の一瞬一瞬を、非暴力に向かって努力しなければならない。

39

## 肉体の束縛からの最終的な解放

肉体にやどるすべての生命は、なんらかの「ヒンサー［暴力］」によって生存している。それゆえに、最高の宗教は「アヒンサー［『ア』は、『不』『否』『無』など否定の意］」という否定語によって明らかにされるのである。世界は破壊の鎖で束縛されている。言いかえると、「ヒンサー」は、肉体にとじこめられた生命にとっては、生来的に必要なものである。だからこそ、アヒンサーの信奉者はつねに、肉体の束縛からの最終的な解放を願い、祈るのである。

40

《質問》「魚を常食とする者には、魚をあてがってやるべきだと、あなたはおっしゃる。そうすることは、魚を供給する者にも暴力の罪を犯させることになりはしないでしょうか」

《答》「両者とも暴力を犯すことになります。野菜を食べる人も同じことをしているのです。この種の暴力は、肉体をもつすべての生命にもともと存在するものであり、それゆえに人間にもあります。このような条件のもとで、またそれゆえにこそかえって、わたしたちは非暴力を義務として実践しなければなりません。……他人に魚を食うなと強要する人は、魚を食う者よりいっそう大きな暴力を犯すことになります。漁師も、魚の行商人も、それを買って食べる者も、おそらく彼らの行為に含まれている暴力に気づいてはいない。たとえ気づいていても、彼らはそれを不可避とみなしているのかもしれません。けれども、他を強制する者は、故意に暴力をふるうという罪を犯しているのです。強制こそ非人間的です。仲間争いをする者、富を蓄積するためにはどんな恥ずべき行為をも平気でやってのける者、搾取や強制労働をほしいままにする者、動物に過重の荷物を運ばせたり、棒でつつきまわしたり、あるいは動物を虐待する者——こうした人びとはみんな、容易に止めることのできる暴力を、それと知りつつ犯しているのです。魚を常食する人に魚を食べさせておくのは、暴力だとはわたしは考えません。むしろ黙ってそれをさせておくのがわたしの義務《つとめ》です。アヒンサーは最高の義務です。たとえわたしたちがそれを完全に実践できなくとも、わたしたちはその精神を理解しようと努め、人間としてできるかぎり、暴力を避けなければなりません」

## 解説

# 「アヒンサーの誕生と実践的発展」

「アヒンサー」という語は、「真理」「サッティヤーグラハ」「目的と手段」などとともに、ガンディー思想の鍵を解く最重要なキーワードの一つである。「アヒンサー」というのは字義的には、「ヒンサー（殺生・傷害・暴力）」という語に「不・否・無」を意味する否定語の「ア」を冠せたもので、通常「不殺生・無傷害」などと訳されている。それは古来、インドの宗教思想——とりわけ仏教やジャイナ教では、「最高の法」として尊ばれてきた。

しかしガンディーは、これらの宗教の信徒たちのように、「アヒンサー」をたんに伝統に従って受容し、尊《たっと》んだのではなかった。彼は「生きとし生けるすべての生類」から生命《いのち》を奪うな、危害を加えるな、と形式的・教条的に説いたのではなかった。生命あるすべての生類（人間だけにとどまらず、地上を這う小さな虫けらにいたるまで）を、人は自らの生命を愛し、慈《いつく》しむように愛し、慈しめと教えたのである。こうしてガンディーは、アヒンサーを「不殺生・無傷害」という言葉本来の意味を超えて、「愛」という語にまで進化させたのである。

ガンディーによれば、暴力というのは、一般に考えられているように、物理的・肉体的な力によって暴行や迫害を加えることだけを意味しない。他者の心に苦痛を与え、精神を圧迫するのも暴力行為である。あるヒンドゥーの著名な哲学者が言ったように、「無慈悲な言葉、心ない判断、悪意、怒り、恨み、色欲、残忍さはすべて『ヒンサー（暴力）』の陰険な形と見なさなければならない。」

したがって、ガンディーの言う暴力とは、力にまさる強者が、腕ずくで弱者を殺傷したり、あるいは打ちのめして自らの意志に服従させることだけを意味するのではなく、強者・弱者を問わず、心に憤怒《ふんぬ》や悪意、遺恨、侮辱、差別、復讐心をいだいて他に接することも、同じく他者にたいする暴力行為である。言いかえると、アヒンサーはたんに肉体的な力の使用をひかえ、抑制する徳目の一つではなく、暴力の否定を出発点とした愛の実践行《ぎょう》でなければならない。そしてこの愛は、肉親や恋人たちへの個人的な愛から、利他的・社会的な隣人愛へ、そして最終的には国境や肌色を超えた人類愛へとひろがってゆく（love→Love→Universal Love）ことは、ガンディーがその生涯をとおして実証したとおりである。

ところでガンディー自身、「わたしは非暴力の教訓《おしえ》を妻から学んだ」【19】と告白している。『自叙伝』によると、それは1893年、ガンディー、30歳前後のことであった。当時ガンディーは南アフリカのダーバンで弁護士として生計をたてながら、同胞インド人労働者たちの人権解放運動に従事していた。彼の家には、たえずインド各地からやって来た何人かの事務員が同居していた。出身地や宗教、カースト、言語、習慣を異にする同居人たちの日常のめんどうは当然主婦の肩にふりかかった。それが、いかに気苦労の多い、ストレスのたまるものであったかは想像にかたくない。ましてや彼女の夫は、たとえば不可触民制の問題ひとつをとってみても、その撲滅に情熱を燃やす完全な理想主義者であった。同《おな》い歳の夫婦のあいだにいさかいが絶えなかったようである。

あるとき、ガンディー家にキリスト教徒の事務員が一人、同居人に加わった。彼は異教徒であるばかりか、「パンチャマ［第五のカースト］」と呼ばれる不可触民の出《で》であった。当時ガンディー家では、主《あるじ》の提案で各室に置かれていた同居人の便壺の始末は、使用人ではなく、主《あるじ》夫婦がやることになっていた。もちろんこれを知った同居人たちは、各自自分で処理するようになっていたが、事情を知らない新入りの便壺は、妻カストゥルバーイの手で清掃されなければならなかった。
カストゥルバーイは後年、夫ガンディーが周囲の人たちから「バープー（お父さん）」と呼ばれ、敬愛されたように、「マー（お母さん）」と慕われたが、彼女は初めからそのような国民的な存在ではなかった。ありていに言えば、彼女はごく平均的、というよりかなり保守的なヒンドゥーの商人の家庭に育ち、当時の幼児結婚の習慣によってガンディーと結ばれたのだった。彼女はヒンドゥーの家庭の「よき妻」「よき母」であることを願ってはいたが、久しい社会の伝統や掟に抗してまで、夫の気まぐれな理想主義におつきあいするのはまっぴらだった。彼女には、身分賤しい異教徒の便壺の清掃をすることは、自らもアウト・カーストに身をおとす社会的自殺行為に思われた。こうしてこのころ、夫婦はよくいさかいを起こし、口論をした。
しかし、自らを「妻の教師」であることを自認し、夫婦で社会改革の道を歩もうとしていた若き夫は、妻にもカーストの超克を要求した。彼は、妻がいやいや夫の命に従って義務を果たすだけでは満足せず、嬉々としてそれをやってもらいたいと思った。こうして、夫婦喧嘩は頂点に達した。つぎにその経緯《いきさつ》をガンディー自身の口から聞いてみよう――

今日でもわたしは、妻が手に壺〔便器〕を持って階段を降りるとき、怒りで目を真赤にし、大粒の涙を頬に流すがままにしながら、わたしに食ってかかった光景を思い出す。ところでわたしは愛妻家であるとともに、残忍な夫であった。わたしはまた、自分を妻の教師とみなし、彼女にたいする盲目的な愛から、彼女を苦しめていたのだった。
わたしは、妻が壺を運んでいくだけでは、とうてい満足できなかった。彼女に嬉々としてそれをやってもらいたかったのである。そこで、声をあらげてわたしは言った――「わが家では、そんなでたらめは許さんぞ」と。
この言葉は、妻の胸に矢のように突き刺った。彼女はどなり返した――「家《うち》のことはご自分でおやりなさい。あたしはお暇をいただきます。」わたしは神を忘れていた、そして、わたしの慈悲心《こころ》はからからに干上ってしまっていた。わたしは妻の手を掴み、階段の真正面にあった入口まで無力な女を引きずって行き、彼女を突き出すつもりで、扉を開けにかかった。妻の頬には涙がとめどなく流れ落ちていた。彼女は叫んだ――「あなたは恥ずかしいとはお思いにならないのですか。あたしは恥ずかしい。どうしてそこまで正気を失わなければならないのでしょう。あたしはどこへ行けばよいのでしょう。ここには、身を寄せる親もとも親戚もないのですよ。あなたの妻だから、あたしはあなたにぶたれても蹴られても、じっと我慢しなければならないとお思いですか。後生ですからばかなことはやめて、扉を閉めてください。こんなところを人さまに見られたら、それこそ二人とも、大恥をかくことになりますよ。」

わたしはいかめしい顔つきをしていたが、ほんとうに恥じ入って扉を閉めた。わたしもまた、妻とは別れられないのだった。わたしたちは数えきれないほど、よく口論をしたが、しまいには、いつも仲直りをした。無類の忍耐力をもって勝ったのは、いつも妻のほうであった。

こうしてたまたま、妻の苦痛と涙の無抵抗の抵抗の前に、深く我を恥じたガンディーは、以来、生涯をつうじて――彼の思想形成がつねにそうであったように――「実験」によって、体験的に非暴力を彼の生の原理として昇華し、深化させていったのである。彼は非暴力を空理空論に終わらせなかった。彼は人生と現実世界の指導原理として非暴力をとらえ、いわゆる仏陀の「対機説法」的に、生きた現実に即してこれを説いたのである。

たとえば、「生命《いのち》あるものは生命を食らって生きている」【36】かぎり、厳密に理論的には、人は肉体をもって生きているあいだは「ヒンサーから完全に免れることはできない」【36】。「森の奥深くに住む修行者でさえ、心に無限の慈悲をいだいていようとも、暴力から完全には解放されてはいない。呼吸《いき》をするたびに、彼はある程度の暴力を犯すことになる。肉体そのものが、殺生の家だからである」【37】と、絶望的に厳しいが、いっぽう彼は、「魚を常食とする人に魚を食べさせておくのは、暴力だとは考えません」と言明する【40】。20世紀を代表する西洋のある著名な哲学者は、ガンディー思想の特質を「世界＝人生否定の哲学」と定義したが、このようにガンディーは、ただ世界と人生を理論的に問いつめ、否定したのではなかった。彼は非暴力の理想をとことん追求しながら、現実世界で人生をいかに理想に近づけ生きることができるかを問いつづけたのである。このために彼は、いわゆる理想と現実の矛盾、不整合に苦悩する自分を正直に告白することを惧れなかった。彼が自らを「実際的な理想主義者」と呼んだのは、このためである。

ガンディーは「アヒンサー（非暴力）」には二種類あるという。すなわち、彼によると、一つは「勇者の非暴力」であり、他は「弱者の非暴力」である。いずれも外見的には、暴力を抑制し、腕力《ちから》に訴えないという意味では同じに見えるかもしれないが、両者は山と海ほどに異なり、けっして同一ではない。圧制者の不遜や傲慢、鞭打ちや迫害にたいして、心に瞋恚《しんい》や復讐心を燃えあがらせ、目を真っ赤にし、握りこぶしを震わせながら、力弱きがゆえに暴力に訴えることもできず、じっと己を抑制し、ただ無抵抗でいるのを、ガンディーは「弱者の非暴力」と呼んだ。これにたいして、相手の非礼や暴行に耐えて、これを寛恕《ゆる》し、ときには敵にまさる腕力《ちから》を有しながら、暴力を悪とみなして否定し、悪に加担することを潔《いさぎよ》しとしないがゆえに暴力を退け、非暴力をもって敵を教化しようとする、これをガンディーは「勇者の非暴力」と名づけたのである。

勇者の非暴力に必要なのは、敵にまさる強力な武器ではない。「武装兵士から銃や剣など武器を取りあげると、兵士はたいてい無力になる」【21】、したがって兵士たちは武器の使用法を、「人殺しの業《わざ》を学ばなければならない」【28】。他方、「魂の力」を武器とする「非暴力の戦士［『サッティヤーグラヒ』（【2】の註参照）］には、年齢制限はないし、盲人も不具者も、寝たきりの病人も戦列に参加できる」【26】と、ガンディーは言う。精神の戦士たちは、いつどこでも、病床からでも悪に立ち向かい、抵抗することができることを、そして彼らの声援が、列をなして牢獄に向かうサッティヤーグラヒたちをいかに勇気づけ、励ましたかを、ガンディーは南アフリカ時代にその目で見たのだった。

つぎに、真《まこと》の勇者にとって不可欠なのは、寛恕である。ガンディーは言った――「恕《ゆる》しは強者だけの特性である」【20】と。1920年8月に発表した「剣の教義」と題する有名な論文には、「寛恕は武人を飾る。恕す側に罰する力があるときにのみ、自己抑制は恕しとなる。無力な者が寛大を装ったところで、それは無意味である」とある。ネズミは、ネコに八つ裂きにされるがままになっているとき、けっしてネコを恕してはいないのだ。

したがって、ガンディーがいちばん憎み、嫌ったのは、非暴力の仮面をつけた「臆病者」「卑怯者」であった。あるとき、ガンディーの息子が父にたずねた――以前、父が暴漢に襲われて瀕死の重傷を負わされたとき、もし自分［息子］がその場に居合わせたら、腕力に訴えてでも父を護るべきであったか、それとも非暴力を実践するために、その場から逃亡すべきであったか、と。ガンディーは、身を挺してでも父を護るのが息子の義務《つとめ》である、と答えたという。

言うまでもなく、ここでガンディーは「暴力」を肯定したのではない。彼は、自分が生命をかけても護るべき老人や子ども、弱者たち、あるいは「礼拝所」が破壊されるのを、非暴力を「盾（口実）」に、ただ傍観し、あるいは逃亡するのは臆病であり、卑怯である。自己犠牲、すなわち「受難の力」【5】によって、暴力に立ち向かい、暴力を制するのが非暴力の方法《みち》であると、息子を諭したのである。事実、このときも受難によってガンディーは難を免れ、暴力を退散させたのである。

ところでガンディーは祖国独立を性急に願うあまり、血気にはやり、テロ行為に走る一部の革命主義者や若者たちの純粋な愛国心を心情的に理解し、「国家のために嬉々として死んでゆくアナーキストの勇気をたたえ」た【30】

が、「殺人やテロ活動を、どんな状況下においても絶対によしとはしなかった」【31】。なぜなら、テロ活動そのものは、いかに英雄的《ヒロイック》であっても、あくまでも真理とアヒンサーにもとる不正行為であり、結局は「ヒンサー」にほかならないからである。「殺人は名誉ある行為だろうか。暗殺者の剣は名誉ある死にふさわしい前兆《しるし》といえるだろうか。わたしの答えは『否《ノー》』である」【30】と、ガンディーは明言した。そして彼は、「誤れる賞讃を浴びながら断頭台に華々しく散ってゆく死よりも」「退屈で見栄えのしない飢餓状態のほうが、はるかに英雄的でさえある」【29】と説いた。

しかし、いっぽうガンディーは、テロ活動を一方的に強大な軍事力をもって封じこめようとする政府の力の政策には反対した。弾圧は若者たちをより狭隘《きょうあい》な袋小路に追いこみ、テロリズムをいっそう陰険に、尖鋭化することを知っていたからである。むしろガンディーは、若者たちの情熱的な英雄心《ヒロイズム》や自己犠牲を、暴力のないアヒンサーの社会建設への奉仕に活用するよう、理をもって説得しようと努めた。南アフリカ時代に出版された最初の著書『ヒンド・スワラージ（インドの自治）』が、編集人（ガンディー）と若い読者（過激派学生）との対話形式で書かれているのは、あながち偶然とはいえない。

忘れてならないのは、ガンディーが彼の非暴力思想の極致をきわめた過程である。彼はいくたびイギリス人支配者（行政官）たちに裏切られ、侮辱され、苦汁を飲まされたことか、また白人の無法者や暴徒たちから直接的な暴行を受け、瀕死の深傷を負ったこともしばしばであった。そのたびにガンディーは私怨や遺恨を超克して、ひたすら非暴力の道を、頂上に向かって登攀しつづけたのである。

ガンディーの体験にもとづく言葉の重みを味読されたい。

# 第2章
# 真理探究と自己実現

1
## 真理は神である

幼い頃わたしは、ヒンドゥー教の経典に「神の千の名称」❖として知られるものをくりかえし唱えるよう教えられた。しかし、それら神の千の名称は、けっしてそれで全部というわけではなかった。神は創造物と同じだけ数多くの名前をもつものと、わたしたち［ヒンドゥー教徒］は信じており——またそれはほんとうだと、わたしは考えている。このために、神には名前がないと言われるのである。また、神は多くの形相《すがた》をもっているので、神には形相がないと、わたしたちは考える。それから、神は多くの言葉をとおして語りかけるので、神には言葉がない、等々とわたしたちは考える。それからわたしは、イスラーム教を研究するようになったとき、［厳格な一神教を主張する］イスラーム教でも、神は多くの名前をもつことを知った。わたしは、「神は愛なり」と言う人たちとともに、神は愛であると言っていた。しかし心の底では、神は愛かもしれないが、わけても、神は真理であると、つねづね言ってきた。人間の言葉でこのうえなく完全に表現できるとするなら、わたし自身にとっては、神は真理であるとの結論に達していたからである。

ところが2年前、わたしはさらに一歩進んで、真理は神である、と言ったのである。あなたがたは、これら二つの立言、すなわち「神は真理なり」と「真理は神なり」に、微妙な差異があることに気づくだろう。そしてわたしは、50年ほど前に始まった不断の、峻厳な真理探究ののちに、この結論にたどり着いたのだった。そのときわたしは、真理へのいちばんの近道は、愛によることに気がついた。ところがまた、愛（love）という言葉には、すくなくとも英語にはいろいろな意味があることがわかった。そして、情欲・愛欲といった意味での人間的な愛は、下卑《げび》たものになりうることも、わたしは知った。愛をアヒンサーという意味で信奉する人は、この世にはごく限られた数しかいないことにわたしは気づいた。ところがわたしは、真理にかんするかぎり、二重の意味はなく、無神論者でさえ、真理の必要性や力に異議を唱えるのを見たことがないことに思い至った。それどころか、無神論者たちは——まさしく彼ら自身の観点から——神の存在そのものを否定するのをためらわなかったのである。わたしが、神は真理なりと言うよりも、むしろ真理は神なりというべきことに気づいたのは、まさにこうした論理の展開によるものであった。

❖ **神の千の名称**……多神教のヒンドゥー教では、神は地方や宗派などによって、さまざまな名称で呼ばれている。

## 2
## 真理探究こそは人生の最高善

この世にあって——言いかえると、真理である神以外のすべてが確かとはいえないこの世にあって、確かなものを期待するのは間違っていると、わたしは想う。わたしたちの身のまわりに見られるもの、生起するもののすべてが不確実であり、過ぎ去ってゆく。しかし、そうした現象世界の内部《うち》には、最高の存在が、確かな動かぬものとして内在している。そして、もし人がその確かなものを垣間見ることができ、そのものに心を結びつけることができたなら、その人の人生は祝福されるだろう。真理探究こそは人生の最高善である。

## 3
## 人間を離れては神を見出せない

人間の究極の目標は、神を実感し悟ることである。であるから、人間の活動は、社会的なものであれ、政治的なものであれ、宗教的なものであれ、すべて見神という究極の目標に導かれなければならない。すべての人に、いますぐその場で奉仕することが、見神の努力の肝要事となる。その理由はひとえに、見神への唯一の道は、神の創造物のなかに神を見、それと一体化することにつきるからである。このことは、万人への奉仕によってのみなしうることである。そしてこれは、自国への奉仕による以外にはなしえないことになる。わたしは全体の一部分・一分子であり、したがって自分以外の他の人たちを離れては、神を見出すことはできない。同胞はわたしにもっとも近い隣人である。その隣人たちが、あまりにもよるべなく、資力に乏しく、無気力になっているとき、わたしは力のかぎり彼らへの奉仕に専念しなければならない。神はヒマラヤの洞窟のなかに見出さなければならないと、わたしが自ら納得できれば、わたしはそこへ赴くことだろう。しかし、人間を離れては神を見出せないことを、わたしは知っている。

## 4
## わたしはいまだに神を見出してはいない

神の定義は無数にある。なぜなら、神の顕《あら》われかた［示顕］が無数だからである。それらは、驚嘆と畏怖の念でわたしを圧倒する。そして、しばしわたしに我を忘れさせる。しかしわたしは、神をただ真理として崇敬するのみである。わたしはいまだに神を見出してはいないが、それでもなお神を求めつづけている。この真理の探究のためならば、自分にとってもっとも貴重なものをも犠牲にすることもいとわない。たとえ求められる犠牲がわたしの生命《いのち》そのものであっても、よろこんでそれを献《ささ》げる覚悟ができているよう願っている。しかし、絶対的な真理が会得できないかぎり、それまでは自分が感得するままに、相対的な真理にすがっていかなければならない。絶対的真理を会得するまでのあいだは、人は相対的真理を自らの灯台とし、楯とし、護りの武器としなければならない。

5

## 神は人間の目の届く範囲では見えない

いまだかつて完全に神を表現できた人はいない。神だけが全知である。肉体を有する人間は、本質的にはどこまでも不完全である。人間は神の像《すがた》に似せて創造されたといわれているが、神とはほど遠い存在である。神は人間の目の届く範囲では見えない。したがって、わたしたちにできることはといえば、わたしたちが神に近い人［聖者］とみなしている人たちの言葉や行動を理解しようと努めることである。聖者たちをわたしたちの存在のなかに迎え滲透させせようではないか。そしてそれを、わたしたちの行動に転換すべく努めようではないか——とはいっても、それはわたしたちの心に訴えるかぎりにおいてしかできないことではあるが。

6

## 神は万人にとって森羅万象である

神は、わたしたちのだれもが心に感じてはいるが、知的には認識しえない、定義しがたいなにかである。わたしにとっては、神は真理であり愛である。神は倫理であり、道徳律である。また神は、恐れを知らぬものであり、光と生命の根源《みなもと》である。しかも神は、これらすべての上にあって、すべてを超えたものである。神は良心であり、無神論者の説く無神論でさえある。なぜなら神は、彼の無辺の愛ゆえに、無神論者までも生きるのを許しているからである。神は人間の心の探究者であり、言葉や理性を超えたものである。神はわたしたちとわたしたちの心を、わたしたち自身よりもよく知りつくしている。神はわたしたちを言葉では判断しない。なぜなら神は、わたしたちがしばしば、知らず知らずのうちに、言葉どおりの意味《こと》を言っているのではないのを知っているからである。

神は、人格的存在を必要とする人たちにとっては人格神であり、感触を求める人たちには顕現する。神は最高の純粋実在である。彼は心に信仰をいだく人にのみ存在する。神は万人にとって森羅万象である。彼はわたしたちの内部《うち》にありながら、しかもわたしたちの上にあると同時に、超越している。……

神は、彼の名において恐るべき不道徳や非人間的な残虐がおこなわれているために、存在するのをやめるわけにはいかない。彼は忍耐強く隠忍するが、激しく憤怒《ふんぬ》することもある。彼はこの世でもあの世でも、もっとも厳しい人格である。神は、わたしたちが隣人――人間や動物――に分け与えるのと同じだけの分量《もの》をわたしたちに施してくれる。

神にたいしては、無知は弁明にはならない。そのうえ、彼は寛大である。彼はつねに、わたしたちに悔い改めの機会を与えてくれるからである。

神は、世界が知るかぎりの最大の民主主義者である。というのは、わたしたちを「束縛せず」に、自由にわたしたちに善悪の選択をまかせるからである。いっぽうまた、世に彼ほどの専制者はいない。彼はしばしばわたしたちの唇から杯を奪って砕き、自由意志の名のもとに、わたしたちが自前で神を喜ばせようにも、まったく不十分な分量しか残してくれないからである。だからこそヒンドゥー教では、こうしたことすべてを、神のリーラー［たわむれ、あそび］と呼び、マーヤー［幻影、迷妄］と呼ぶのである。わたしたちは存在しない。神のみが存在するのだ。わたしたちが存在したいと願うなら、永遠に神の讃歌《ほめうた》をうたい、神の御意志《みこころ》をおこなわなければならない。人びとよ、神の笛《パンジー》の音に合わせて踊ろうではないか、そうすれば、万人が幸福になるだろう。

7

## 見えているとおりの真理に従うこと

この世のだれひとり、絶対的な真理を所有してはいない。こればかりは神のみのもつ属性である。わたしたちが知っているのは、すべて相対的な真理にすぎない。したがってわたしたちは、わたしたちに見えているとおりの真理に従うことができるだけである。このような真理探究といえども、なんぴとをも迷わすことはありえない。

## 8
## 一人の人にとって可能なことは万人にとっても可能である

わたしが成しとげたいと願うのは――この30年間、わたしが成しとげようと努め、切望してきたのは、自己実現［魂の内観《アートマ・ダルシャン》］、すなわち神にまみえ、モクシャ［解脱］に至ることである。わたしはこの目標を追求するために生き、活動し、存在してきたのである。わたしが話したり、書いたりすることで実践しているすべてのことも、あるいは政治の分野でのすべての冒険も、この同じ目的に向けられているのだ。しかし、年来わたしは、一人の人にとって可能なことは万人にとっても可能であると、つねづね信じてきたために、わたしの実験は密室のなかではなく、戸外でおこなわれてきた。そしてわたしは、この事実《こと》のために、実験の精神的な価値が減じられたとは考えない。［たしかに］ある人自身と、その人の創造主だけが知っているような、いくつかの［他人には理解しがたい］事柄があり、そうしたものは、明らかにわたしの伝達能力を超えている。［けれども］わたしがこれから話そうとしている実験［『自叙伝』に語られた物語］は、そのような類《たぐい》のものではなく、精神的というか、むしろ道徳的なものである。なぜなら、宗教の本質は道徳性にあるからである。

## 9
## 少数者の真理にこそ価値がある

平和への道は真理の道である。真実であることは、平和であることよりはるかに重要である。実際、虚偽は暴力の母である。真実《まこと》の人は、いつまでも暴力的でいることはできない。彼は自らの真理探究の道の途上で、暴力的である必要のないことに気づくであろう。さらに、自己のうちにごくわずかにせよ暴力の名残りがあるかぎり、自分の探究している真理が見出せないことを思い知るだろう。

真理と非暴力とのあいだには［真理であって非暴力でなく、非暴力であって真理でないというような］どちらつかずの道はなく、いっぽう、虚偽と暴力のあいだにも、そうしたどちらつかずの道は存在しない。わたしたちは思想と言葉と行為において、完全に非暴力的だと言えるほど強くはないかもしれないが、わたしたちは非暴力をわたしたちの目標にかかげ、目標に向かって着実に前進しなければならない。自由の達成は、それが一個人のためのものであろうと、一国民、あるいは全世界のためのものであろうと、個々人による非暴力の達成度と正比例するはずである。それゆえ、非暴力を真の自由達成の唯一の手段《みち》であると信じている人たちに、今日の底知れぬ闇夜に、非暴力の光明をかがやかしく掲げさせようではないか。少数者の真理にこそ価値がある。幾百万人の虚偽は、一陣の風の前の籾殻《もみがら》のごとくに消え去ることだろう。

## 10
## 聞こうと思えばだれでも「神の声」を聞くことができる

わたしにとっては、「神の声」、「良心の声」、「真理の声」、「内なる声」、あるいは「静かな小さな声」は、どれもみな一つのものを意味している[※1]。わたしは神の形相《すがた》を見たことはないし、また見ようと試みたこともない。なぜなら、わたしはつねに、神は姿や形のないものだと信じていたからである。しかし、［あのとき］[※2]わたしがたしかに聞いたのは、遠くからのようでありながら、しかも間近かからの声のようでもあった。それは、だれか人の声がはっきりとわたしに語りかけてくるかのようにまぎれのない、魅力的な声であった。その声を聞いたとき、わたしは夢をみていたのではなかった。その声を聞く寸前まで、わたしの内にはすさまじい葛藤があった。突然、その声がわたしにふりかかってきたのである。わたしは耳をすませ、それが「［神の］声」であることを確信した。すると、葛藤は止んだ。わたしは冷静になった。それから決心をした。断食の日時が決まったのである。歓喜《よろこび》がこみあげてきた。それは深夜の11時から12時の間のことであった。わたしはすがすがしい気分になり、短い覚え書きを書きはじめた。その覚え書きは、［本紙『ヤング・インディア』紙上で］読者の目にとまったにちがいない。

わたしが聞いたのは、まさしく神の声であって、わたしの高ぶった想像力のこだまではなかったという証拠を、これ以上読者の前に出せるだろうか。わたしには懐疑的な人を説得できる証拠はなにひとつない。その人たちが、それらはすべてわたしの自己妄想か幻覚であるというのは勝手である。あるいは、そうであったかもしれない。わたしには、それを打ち消すような確固たる証拠はない。しかし、これだけは言っておこう――全世界の人びとが満場一致でわたしに反対の評決をくだしたとしても、わたしが聞いたのは神のほんとうの声であったという、わたしの信念を揺がすことはできない、ということだけは。

しかし、神そのものがわたしたち人間の想像力の所産であると考える人たちがいる。もしその見解が正しければ、この世にはなにひとつ実在しないことになり、すべてがわたしたち自身の想像力の産物ということになる。それならば、わたしの想像力がわたしを支配しているうちは、わたしはただ、その呪縛のもとで行動するだけである。このうえなく真実のものといっても、それらはただ相対的な真実であるにすぎない。わたしにとって神の声は、わたし自身の存在よりも真実であった。その声は、けっしてわたしを裏切らなかったし、それればかりか、他のだれをも裏切ったことはない。

聞こうと思えば、だれでも［神の声］を聞くことができる。それは万人の心の内に存在しているからである。とはいっても、他のすべてのものと同様、神の声を聞くためには、事前の的確な心の準備が必要である。

❖1　本文理解のために一例をあげておこう……1918年、第一次世界大戦が終了したとき、戦時中のイギリスの自治権譲渡の約束を信じて、物心ともに全面的に戦争協力を惜しまなかったインドに与えられたのが、世に「暗黒法」の名で知られた弾圧法「ローラット法案」であった。法案が翌年3月に成立したとき、ガンディーは「パンを求めて石を与えられた」と言い、かねて準備していた「サッティヤーグラハ連盟」を率いて、「悪魔的な政府」と対決すべく、国民的な運動を興《おこ》すことを決意した。

しかし、さて運動を開始するとなると、これまで政治の枠外におかれてきた一般大衆を、どのようにして目覚ませ、立ち上がらせることができるか、ガンディーは苦慮した。ガンディーはローラット法反対キャンペーンに南インドのマドラスに旅立った。そこで彼は、闘争の具体的な計画について同志たちと熱心に議論を重ねたが、結局「大衆集会をもつこと以外、他にこれといった良案を思いつくことはできなかった。」そんな重苦しい日々のある夜半、ガンディーは彼の言う「神の声」「内なる声」「静かな小さな声」を聞いたのである。その声を聞いたときの感動を、彼は『自叙伝』にこのように語っている——

「……その夜わたしは、問題を考えながら眠ってしまった。真夜中過ぎに、わたしはいつもより早く目を覚ました。わたしはまだ、夢うつつといった朦朧《もうろう》とした状態であったが、そのとき突然、アイディアがうかんだのである——それは、夢のなかでの出来事のようでもあった。朝早く、わたしは一部始終をラージャゴパーラーチャーリ［マドラスの政治指導者で、熱心なガンディー主義者］に話して聞かせた——「昨夜夢のなかで、ハルタール［インド固有の抗議ストライキ］を実施するよう全国的に呼びかけたらよいという考えがうかびました。サッティヤーグラハは自己浄化の過程《みち》であり、わたしたちの闘いは神聖です。それゆえそれは、自己浄化の行為とともに始めるのが、物事の道理のように思われます。ですからインドじゅうの人びとに、その日は仕事を停止させ、その日一日を断食と祈りの日として守らせようではありませんか……」

こうして、インドにおけるガンディーの第1回非協力運動は、有名な「ハルタール」をもって闘いの幕が切って落とされたのである。

なお、蛇足とは思うが、ここでひとこと付言することを許していただきたい。現代人は、ガンディーの夢のなかの政治行動の決定にとまどい、ある種の苛ら立ちすら感じるかもしれない。しかし、ガンディーにおける夢の啓示は、いわゆる未開社会の予言者や霊能力者に見る「お告げ」現象とは根本的に趣を異にする。彼のばあいは、祈祷や儀式によってお告げを呼ぶのではなく、自らの理性の限りを出しつくして問題を考えに考えぬいたあげく、最終的に、人間の不完全な知性や理性をかなぐりすてて、自らの心を無にし、あるいは精神を浄化して、あたかも幼な児が母の懐にすべてを託して眠るように、いっさいを大いなるものにまかせて眠るとき、人智を超えたあるものからのメッセージを聞いたのである。それゆえその声は、外からの声ではなく、「内からの声」として聞こえた。それはいわば、ぎりぎりまで追いつめた人智の飛躍の瞬間であった。

❖2　1933年5月に、ガンディーはふたたび「内なる静かな声」に従って、21日間にわたる彼の生涯のもっとも壮絶な断食の一つを開始した。そのとき聞いた「声」は、もはや夢のなかの囁きのようなものではなく、日常の人の声よりももっと身近かで、リアルなものであったと、ガンディーは回想している。

## 11

真理と非暴力へのわたしの信念は、つねにやむことなく成長してゆく。そしてわたしは、わたしの生涯をかけてそれらに従おうとしているのだから、わたしもまた、刻一刻、とどまることなく成長しているのだ。

## 12

いっさいの罪は、こっそり秘密裏におこなわれる。［それゆえ］わたしたちは、神がわたしたちの心のうちをお見通しだということに気づいた瞬間《とき》から、心が軽く自由になるだろう。

## 13

神を探し求めるのに、巡礼に出かけたり、燈明をともしたり、神像の前で香を炷《た》いたり、像に油を塗ったり、朱《あか》い印をつけたりする必要はない。なぜなら、神はわたしたちの心のなかにいますからである。わたしたちがもし、わたしたちの心中から肉体の意識を完全に除去することができれば、わたしたちは神をまじかに見ることができるだろう。

14

わたしは神を信じる——神学的な理論としてではなく、生命《いのち》そのものよりもっと現実的《リアル》な事実として神を信じる。

15

わたしは人類への奉仕をとおして神にまみえようと努めている。なぜならわたしは、神は天国や黄泉《よみ》の国にではなく、万人のうちにすみたもうことを知っているからである。

16

わたしの人生の一瞬一瞬に、神がわたしを試されていること［試練にあわせておられること］を、わたしは心に感じとってきた。

17

真理の探究は、真のバクティ［信愛、献身］である。それは神につうじる道である。したがってそこには、臆病の入りこむ余地はなく、敗北の入りこむ余地もない。それは、死そのものが永遠の生命への入口となるような護符である。

18

## 情欲に流される人は真理を見出すことはないだろう

真理に向かって歩むうちに、怒りや利己心、憎しみなどがおのずから離れてゆく。なぜなら、そうでなければ真理に到達することはできないだろうから。情欲に流される人は、たとい善意にあふれていようとも、また言葉が真実にみちていようとも、真理を見出すことはないだろう。真理の探究に成功するというのは、愛と憎しみ、幸福と苦悩といったような、二元論的な複雑さから解放されるという意味である。

19

わたしたちの人生は、長く険しい真理探求の道程《みちのり》である。そして魂は、最高の頂《いただき》に到達するために内面《うち》なる静穏を求める。

解説

# 「真理は神なり」

ガンディーはつねに自らを「モクシャ（解脱）」を追求する「一介の真理（神）の探究者・求道者」と称し、「日の没することなき帝国」と謳《うた》われた大英帝国の屋台骨をゆるがせた20世紀の屈指の歴史的創造者の一人だと考えたことはなかった。彼は『自叙伝』の「序文」【8】のなかで、このように言明した――「わたしが成しとげたいと願うのは――この30年間、わたしが成しとげようと努め、切望してきたのは、自己実現、すなわち神にまみえ、モクシャに至ることである。わたしはこの目標を追求するために生き、活動し、存在してきたのである。〔以下【8】参照〕」「モクシャ」という語の本来の意味は、「解脱・解放・自由」である。すなわち、ヒンドゥーの伝統的な宗教用語としては、現象界における死生の繰り返しである、いわゆる「輪廻転生」の束縛から最終的に解き放たれて、「宇宙の根本原理ブラフマン（梵）」に帰一することを意味する。また現実的には、この語は一般に、人間や世俗から離脱した孤絶のなかで追求される、行者たちの独占的な悦楽の境涯のように考えられてきた。彼らの多くは、人生と世俗世界に失望し、それらを蔑視しながら生と現実に背を向ける、いわゆる世捨て人やすね者たちである。したがって彼らの多くは、人里離れた辺陬《へんすう》の荒野や深山の洞窟に住み、もっぱら瞑想と祈り、読経とヨーガ行に明け暮れるが、それは目ざす「解脱」への最短の道程《みち》とされてきたからである。彼らは「サードゥ（行者）」とか「サンニャーシン（苦行者）」と呼ばれ、世間からはある種の尊敬と憧憬、そして反面、ある種の哀れみと疎《うと》ましさをもって遇されてきた。

ところでガンディーは、「モクシャ」という語を、宗教的・哲学的な意味に限定せず、広く一般に政治や社会生活にも導入し、社会と人間の自由・解放の意味にまで拡大解釈した。したがって、彼がスピーチなどで「モクシャ」について語るとき、敬虔なヒンドゥーの聴衆は、宗教的な魂の解脱と、民族や人間の外国支配の桎梏《しっこく》からの解放を重ね合わせながら耳を傾けたにちがいない。

ガンディーの批判者たちや敵対者たちは、これを政治家ガンディーの巧妙な言葉の乱用、あるいは論理のすりかえだとして非難したが、ガンディーはおおまじめであった。彼はむしろ、長年にわたる外国支配の重圧のもとで、人間として生きる権利も、物言う自由も放棄して、自我の魂の殻に閉じこもって、いわゆる魂の逃避と解脱に専念する、そうしたすぐれた知性と感性を備わった同胞たちの言い分は、人間として身勝手であり、卑怯だと考えた。

あるとき、親交のあった高名な一人のバラモン僧がガンディーに向かって――「バープー［『お父さん』の意で、ガンディーは身近かな人たちからこの愛称で呼ばれていた］、あなたは日頃、真理の探究に努めておられますが、それならば、あなたも解脱を目ざす求道者として、政治や社会など、いつまでも世俗の問題《こと》にかかずらっていないで、いいかげんで山中の洞窟にでも隠棲して、静かな瞑想三昧の暮らしをおくってはいかがですか」と、ヒンドゥー教徒の理想とする出家遊行の生活を勧めたところ、ガンディーは微笑して答えた――「わたしとて、『解脱』に専念したい。しかしわたしは、そのためにわざわざ人里離れた深山にこもる必要を感じません。わたしは日々、わたしの洞窟を担いで歩いているのですから」と。

ガンディーにおける政治と宗教の問題は、インドでも西洋でもガンディー研究者たちのあいだで、ガンディー思想の重大な矛盾、謎の部分として、これまでもいろいろな視点から論じられてきたが、ここに語られたエピソードほど明快・直截に相対立すると思われがちな二つの命題への一元的な答えを筆者は知らない。彼は解脱を自得するサードゥやサンニャーシンに向かって言った――「今日のような時代にあっては、同じ一つの［独立という民族の］目標のために紡ぎ車を回わすことは、サードゥやサンニャーシンにとっても義務である。彼らも社会から生きる糧《かて》を得ているのだから、社会を支えるべくなんらかの役に立つことが彼らの義務《つとめ》である。もし彼らが疫病に苦しむ同胞に奉仕しないなら、他の誰がそれをするのだろうか。もしサードゥが瞑想に耽っているときに、助けを求める人の声を聞いて、ただちに立ちあがり、救助に駈けつけないなら、その人はサードゥとはいえない」と。

人間は古来、洋の東西を問わず、この移ろいやまぬ時間とともに過ぎてゆく現象世界にあって、「不易なるもの」「永遠なるもの」「動かぬもの」を発見して、心に安心立命を得たいと念願し、さまざまに思索をめぐらし、あるいは苦しい修行に励んできた【2】。そしてある人は、彼らの目指す究極の存在を、哲学的・論理的に「実在」とか「真理」などと呼ぶ。またある人は、その同じ超越的存在を「絶対者」とか「神」と呼び、さらには「愛や慈悲」と考える。すなわち同じ究極的存在を、どこまでも知的・哲学的に追求し、これを非人格的な超越的存在として認識する人もあれば、自我との人格的関係において「一者」を見、宗教的な信仰や祈りの対象としてかれに近づこうとする人もある。インドでは、古代『ウパニシャッド』の時代から宇宙の根本原理、すなわち「梵＝神」に至るこれらの「道」を「ヨーガ」と呼び、前者の道・方法を「ジュニャーナ・ヨーガ（知識による道）」、後者を「バクティ・ヨーガ（信愛による道）」と呼んできた。――なお、ヒンドゥー教では、ヒンドゥー教最高の聖典「バガヴァッド・ギーター（神の歌）」に説かれた「義務の遂行」によって最高神に至るとされる「カルマ・ヨーガ（行為による道）」を加えて三大ヨーガとする。

ところで、超人格的な「実在」「真理」が人格神として求められるときの「神」は、民族や歴史、環境、あるいはそれを拝する宗教や宗派によって、さまざまな名称で呼ばれ、数多の形相をもって崇拝されてきた［第4章「祈りと宗教」参照］。いわば、神々は人間が「絶対的な真理を会得するまでの……

相対的な真理」と言えるかもしれない【4, 5, 6】。

しかしながら遺憾なことに、「神」として崇敬される、この「相対的な真理」は人類の歴史においては、しばしば自らの信奉する神のみを唯一最高神とする盲信の徒を生んできた。そして彼らは、他宗の神や神々を否定し、ときには悪魔呼ばわりをして、宗教間の対立（多くの場合、宗教が政治の具として用いられたため）や紛争をひき起こし、民族間の殺戮、戦争にまで発展することもあった。

たしかに「神は真理なり」という命題は、真理探究者たちのあいだでも、敬虔な信仰者たちのあいだでも、古くから言いならわされてきた至言である。ガンディーもまた、彼の生涯にわたる「長く険しい真理探究の道程《みちのり》」【19】を経て、「神は真理なり」との実感を深め、人にもそのように伝えてきた。しかしいっぽう、この言葉には、重大な落とし穴があることにガンディーは気づいていた。すなわち、ある宗教の信奉者は言うかもしれない――「神は真理である、ゆえに私の信じる神は真理であるが、おまえの信じる神は真理ではない」と。こうして、互いに「神は真理なり」を標榜する宗教間、信徒間で、真理であるはずの神（神々）の名において、互いに他宗の神や神々を憎悪、誹謗し、敵意をむきだしにして殴り合い、殺し合う世界の宗教間の現実を目のあたりにするたびに、ガンディーの心は烈々と痛み、苦悶した。そして彼は、「神は真理なり」という言葉の不備について思い悩んだ。

1931年12月に、ロンドンの円卓会議からの帰路、ガンディーは大河小説『ジャン・クリストフ』（1915年ノーベル文学賞受賞）の作者で、ヨーロッパにおける早くからのガンディー思想の理解者であったロマン・ロランをスイス、ヴィルヌーヴに訪ねた。この短い滞在中に、ガンディーは同地の知識人たちの集会で、故国を離れた気安さも手伝って、かなり自由、かつ客観的に自分の宗教について語った【1】。ここで彼は、「多」として世界に遍在する宇宙の根本原理、ヒンドゥー教に言う「梵」を、彼自身、幼い頃から身近かな多くの名をもつ神、神々として崇敬してきたことを語り、「2年前、わたしはさらに一歩進んで、(『神は真理である』を)『真理は神である』と言い(改めた)」ことを告白して言った——「あなたがたは、これら二つの立言、すなわち『神は真理なり』と『真理は神なり』に微妙な差異があることに気づくだろう。そしてわたしは、50年ほど前に始まった不断の、峻厳な真理探究ののちに、[ようやく] この結論にたどり着いたのである」と。

この「不断の峻厳な真理探究者」の前に、神は、いわゆる人格神の形相《かたち》で現出することはなかった。「わたしは神の形相《すがた》を見たことはないし、また見ようと試みたこともない。なぜなら、わたしはつねに、神は姿や形のないものだと信じていたからである」と、彼はバープーの見神体験を問う人びとに答えている [以下【10】参照]。しかし、神は、彼の熱烈な神への愛と信仰心に、「内なる声」をもって応えた。ガンディーは彼の生涯の運命的な曲がり角や、導くべき民族と国家の切迫した重大時に、採《と》るべき道に思い悩み、迷い、考えに考えぬいたあげく、心中からいっさいの邪念と葛藤を払拭して、すべてを神の御心《みこころ》に託して、しばしまどろんだ夜明け方に、たしかな神の声を聞くという、不思議な体験にいくたびか遭遇したのだった。

ガンディーは、自らの知性と経験のすべてをもって真理を追求してやまぬ峻厳な「知識による道」の求道者であったと同時に、身も心もいっさいを神の前に放擲《ほうてき》して、ひたすら神のことばを待つ「信愛による道」の敬虔な信仰者でもあった。ガンディーにとっては、「神は真理なり」と「真理は神なり」のあいだに、いささかも差違はなかった。

# 第3章
# 「知足」の精神

1

## 受動的抵抗の剣には鞘は要らない

受動的抵抗［サッティヤーグラハ］は万能の剣である。それは、いかようにも使うことができる。そして、剣を使う人をも、使われる側の人をも祝福し、幸せにする。それは一滴の血も流すことなく、遠大な結果をもたらす。この剣はけっして錆《さ》びることはないし、盗まれることもない。受動的抵抗者［サッティヤーグラヒ］間の争いは、疲れて力尽きることはない。受動的抵抗の剣には鞘《さや》は要らない。これほどの武器を、あなたがたんなる弱者の武器と考えているというのは、まったくもって笑止の沙汰である。

2

## 魂の力に訴える

サッティヤーグラハ（Satyagraha）は、英語ではPassive Registance［受動的抵抗《パッシヴ・レジスタンス》］と呼ばれている。受動的抵抗は、個人的な受難によって権利を獲得する方法であり、武力による抵抗の逆である。わたしは、自己の良心に反するあることをおこなうのを拒否するとき、魂の力を用いる。たとえば、現政府がわたしにも適用される［わたしを狙ったと思われる］一つの法律を通過させたとする。それは［当然］わたしの意にそぐわない。［そのばあい］もし暴力を使って、力ずくで政府にその法律を撤回させたとしたら、わたしはいわゆる肉体の力を行使することになる。［ところが］法律に従わず、その違反行為にたいする懲罰を［自発的に］受け容れるなら、わたしは魂の力［サッティヤーグラハ］に訴えることになる。魂の力は、［もちろん］自己犠牲をともなう。

自己犠牲は他人を犠牲にする行為にはるかにまさることは、だれもが認めるところである。さらにまた、この種の力が不正な目的に用いられたとしても、苦しむのは、それを用いる当人だけであり、自分の過ちのために他人を苦しめることにはならない。人びとはこれまでにも、後になって誤りであったと判明した、数々の過ちを犯してきた。自分は絶対に正しいとか、自分が間違いだと思うのだから、そのことは誤りであるなど、そんなことはだれにも言えない。その人が熟慮に熟慮を重ねた末の判断であるかぎりにおいて、彼にとってそれは誤りなのである。したがって、人は誤りだとわかっていることはするべきではない、そしてどのようなものであろうと、結果はわが身にひきうけなければならないことになる。これが魂の力［サッティヤーグラハ］を用いる秘訣である。

## 3
## いっさいの形の暴力が含まれない

サッティヤーグラハという語は、しばしばきわめて曖昧に用いられ、暴力を隠蔽するために利用される。しかし、この用語の発案者としてわたしは、そこには思想・行動・言語を問わず、直接・間接の、あるいは公然・非公然の、いっさいの形の暴力が含まれないことを立証させていただく。敵対者の不幸を念じたり、相手を傷つけるつもりで、相手に向かって辛辣な言葉を吐いたり、相手の悪口を言うのは、サッティヤーグラハの違反行為である。

## 4

人が手に武器をもたず、逃げ道も思いつかなくなったとき、最後の手段として捨て身にならざるをえなくなる――これがサッティヤーグラハの原理である。

## 5

もし暴力に代えて、魂の力［魂の力とは、愛の力の別名に過ぎない］の使用をひろく社会全体に滲透させることができれば、全世界がいかなる悪をなそうとも、これに対抗できるインドを創《つく》ることができると、わたしは考えている。したがってわたしは、時宜《とき》を選ばずつねに、古来からの永遠の受難の法を自分の人生に表わそうと研鑽し、同時に、心ある人びとにもそれを受け容れるよう勧めようと思う。かりにわたしが、なにか、別の活動に参加するとしても、その動機は、かの永遠の法の比類なき卓越性を世に示すためにほかならない。

6

## 内からの改革

暴力は効果的なようにみえても、その効力はほんの一時的なものにすぎず、それによって生じる悪は永久的なものであるから、わたしは暴力に反対するのだ。イギリス人を皆殺しにしたところで、それはインドにとって微塵もプラスにはなるまいと、わたしは信じている。たとえだれかが明日、イギリス人を皆殺しにできたとしても、一般大衆は今日と変わらぬ惨めな貧乏暮らしをすることであろう。

現状のことは、イギリス人の責任というよりも、わたしたち自身の責任が大きいのである。わたしたちがひたすら善良であれば、イギリス人は悪をなす力を失うだろう。だからこそ、わたしは口を酸っぱくして、内からの改革を強調するのである。

7

## 背後に悪意や憎悪があってはならない

善良な市民の不服従は、真摯で、礼儀正しく、挑戦的［喧嘩腰］でなく、節度のあるものでなければならない。それはまた、よく理解された原則にもとづき、衝動的であってはならない。とりわけ、その背後に、悪意や憎悪があってはならない。

## 8
## ただの見せかけは堕落した卑しいものとなる

善良な市民的不服従は、合法的な政治運動のなかではもっとも純粋な型《タイプ》のものだという、確固たる信念をわたしは心にいだいている。言うまでもないが、その市民的、すなわち非暴力的性格がただの見せかけであるばあいは、運動は堕落した、卑しいものとなる。非暴力に嘘偽《うそいつわ》りがなければ、どんなに熾烈な不服従をおこなおうと、暴力につうじる可能性を理由に非難されるいわれはない。

## 9

わたしは、わたしの個人的な宗教❖のお蔭で、イギリス人にかぎらず他のだれをも傷つけることなく、自分の祖国に仕えることができる。わたしは血を分けた兄弟にしようとは思わないことを、イギリス人にたいしてしようとは思わない。わたしは王国《くに》を得るためにイギリス人を傷つけたくはない。けれどもわたしは、必要とあらば……イギリス人に協力することをやめるだろう。わたしは悪に加担するのを拒否することで、帝国に奉仕しているのである。

❖ **個人的な宗教**……ガンディーの宗教観については、第1章「非暴力の道」、第2章「真理探究と自己実現」のそれぞれの解説にかなり詳しく述べたが、ガンディー自身は、彼が生まれ、育ったヒンドゥー教の「よき信徒」でありたいと願った。しかし、彼の「個人的な宗教」は、ヒンドゥー教という一宗教の教義や儀式にとらわれない、すべての宗教を包摂する「世界宗教」「人間の宗教」(ちなみに、詩人タゴールに『人間の宗教』と題するすぐれた哲学書がある)の域に到達していた。

## 10

わたしは反イギリス人分子でも反英帝国分子でもなく、また国を問わない反政府主義者でもない。わたしが反対しているのは、虚偽や欺瞞にたいしてであり、不正にたいしてである。政府が無法をとおすかぎり、政府はわたしを敵、頑固な強敵とみなすことだろう。

## 11
## 依存心をかなぐり捨てる

非協力をおこなう第一の動機は、邪悪にして反省心のない政府から協力をひきあげることによって、自らを浄化することである。第二は、政府のいっさいの統制や管理から自立すること、言いかえると、自分にできるすべての問題を自らの手で運営していくことであり、依存心をかなぐり捨てることである。

## 12
## 溺れる者は他人を救うことはできない

わたしたちの非協力［運動］は、イギリス人にたいするものでも西洋にたいするものでもない。わたしたちの非協力は、イギリス人がこの国に築いた制度にたいするものであり、物質文明や、それに伴って弱者を食い物にしようとする欲望と搾取にたいするものである。また、わたしたちの非協力は、わたしたち自身の内部《うち》にある退嬰的な感情にたいするものである。わたしたちの非協力はイギリス人行政官たちに、彼らの言葉どおりに従うのを拒否することである。わたしたちは彼らに向かって言う――「わたしたちの方針に従って、わたしたちに協力するために来てください。そうすることはわたしたちのためにも、あなたがたのためにも、ひいては世界のためにもなるでしょう」と。わたしたちは断じて足もとをすくわれるのを拒否しなければならない。溺れる者は他人を救うことはできない。他人を救える人間になるためには、まず自らを救おうと努めなければならない。インドのナショナリズムは、排他的でも、攻撃的でも、破壊的でもない。それは健全であり、宗教的［敬虔］であり、したがって人道主義的である。

インドは、人類のために死ぬことを念願できるまえに、まず自らが生きることを学ばなければならない。

## 13
## ひとりとして世に救いがたい敵はいない

わたしの非協力運動の背後には、つねに最悪の敵対者とでさえ、ごくわずかにせよ、妥協の手がかりがあれば協力したいという切なる念願《おもい》がある。つねに神の恩寵を必要とする、きわめて不完全な人間であるわたしにとっては、ひとりとして世に救いがたい敵はいない。

## 14
## 手段と目的

わたしには、手段を知るだけでじゅうぶんである。手段と目的は、わたしの人生哲学では、言い換え可能な、いわば同義語である。

## 15
## 「手段こそしょせんすべてだ」

世人はよく「手段はしょせん手段にすぎない」と言うが、わたしは「手段こそ、しょせんすべてだ」と言いたい。手段が目的と同じであるように、目的は手段と同じだからである。手段と目的のあいだには、それらを仕切る壁はない。実際わたしたちは、創造主から手段にたいする支配力［それは、きわめて限定されたものではあるが］を授かってはいるが、目的にたいする支配力は授かってはいない。目的の達成・成就は、手段の達成・成就と正比例する。このことは、いっさいの例外を容認しない命題である。

## 16
## 手段の純粋性

50年以上にわたって、わたしは［自分の行動の］結果にかまけ、心を奪われることのないよう、自らを律してきた。わたしが気を配らなければならないのは、むしろ手段である。そして、手段の純粋性が確信できるときは、信念さえあれば、わたしは正しい方向に進むことができる。いっさいの恐怖や危惧は、その信仰の前では消滅する。

## 17
## 人は自分が蒔いたものを収穫する

手段と目的のあいだにはなんら相関関係はないとあなたは信じているらしいが、それは思い違いもはなはだしい。そんな思い違いをするものだから、信心深いと思われている人たちまでが、とんでもない罪を犯してきたのである。あなたの論法は、毒草の種を蒔《ま》いても薔薇を花咲かせることができるというのと同じだ。わたしが大海を渡りたければ、船を使ってはじめて海を渡ることができる。その目的のために馬車を使ったのでは、馬車もわたしも、たちまち海底の藻屑《もくず》となるだろう。「神を信じる者は神のごとし」とは、よくよく考えるに値する箴言《しんげん》である。その意味をとりちがえて、人びとは道を踏みあやまってきたのだ。手段を種にたとえ、目的を樹にたとえることもできる。目的と手段のあいだには、種と樹のあいだにあるのと同じ冒《おか》しがたい相関関係がある。悪魔の前にひれ伏したのでは、神への礼拝から受けるのと同じ結果が得られるとは思えない。したがって、もしある人が「自分は神を礼拝したいのだが、悪魔の手段をもって礼拝してもよいではないか」などと言おうものなら、それこそ愚の骨頂とみなされるだろう。われわれは、まさに、自分が蒔いたものを収穫するのだ。

18

## 妥協の美点

わたしの過去の生涯をとおして、わたしは真理への固執そのことによって、妥協の美点を理解することを教わった。その後の人生でも、妥協の精神はサッティヤーグラハに不可欠な部分であることを知った。そのために、わたしはしばしば生命の危険にさらされたし、友人たちの不興を買うことになった。しかし、[なにがあろうと] 真理は、ダイヤモンドのように固く、蓮華のように優美である。

19

## 名誉を重んじる妥協

サッティヤーグラハの実践者は、妥協——といっても名誉を重んじる妥協——の機会をけっして見逃すことはないし、また見逃すことはできない。それは、妥協に失敗したばあい、彼はいつでも闘いを挑む覚悟を心にきめていると思われるからである。[妥協にさいしても] 彼は事前に根回しなどする必要はない。彼のカードはつねにテーブルの上に置かれている。闘いの中止も継続も、しょせん彼には同じ一つのものである。彼は、まさしく同じ結果を得るために闘い、あるいは中止するのだ。彼はどんなときにも、敵対する相手を疑うことはしない。それどころか、ごくわずかな異議があるときにも、友情の手を握らなければならない。

20

## 人生は妥協の連続である

人生は妥協の連続である。理論的に正しいと思われるとおりをそのまま実行に移すのは、かならずしも容易なことではないからだ。

21

## ソクラテスの弁明

牢獄は、実際に罪を犯した囚人たちにとっては自由の入り口ではない。牢獄は、無実の収監者たちにとってのみ自由の寺院である。ソクラテスの弁明❖は、わたしたちにとっては今日の現実を不滅にするものであり、無数の殺人者たちの弁明ではない。心中に憎悪や悪意や暴力をたぎらせている数多くの名ばかりの非暴力主義者たちの牢獄の受難によって、わたしたちがスワラージ［自治・独立］を奪取できると考えるのは、理由《ゆえ》なき幻想である。

❖**ソクラテスの弁明**……古代ギリシャの哲人ソクラテスが、「国家の承認する神を認めず」、「青年たちを堕落させた」との罪状で裁判にかけられ、死刑宣言をうけた。ソクラテスは法廷でも自説を曲げず、陪審員たちを前に、堂々と彼の「弁明」を論じ、刑死した。ソクラテス自身は著書を残さなかったが、弟子プラトンの『ソクラテスの弁明』によって、その人と思想は今日に伝えられている。

22

## 純正で無実な人たちの受難

刑務所をただ満杯にするだけでは、インドに自由をもたらすことにはならないだろう。盗人やその他の犯罪者たちも牢獄に行くが、彼らが牢獄に行ったところで、なんら益するところはない。物を言うのは、罪科《つみとが》のない純正で無実な人たちの受難である。権力者たちになんらかの心の変化を起こさせるのは、赤貧洗うがごとき貧者や、あるいは一点の曇りもない潔白な市民たちを、彼らがあえて投獄するときだけである。サッティヤーグラハの戦士たちが牢獄に行くのは、当局を面喰らわせるためではなく、身をもって彼らに無実を示すことによって、彼らを改心させるためである。もしあなたが、サッティヤーグラハの法によって求められる牢獄行きが、道義的にかなったものであることを納得させることができなければ、あなたの牢獄行きは無益であり、結果的に、失望以外のなにものをももたらさないだろう。非暴力の信奉者は、獄中生活の屈辱と苦痛に耐え忍ぶ能力《ちから》をもたなければならない――しかも、そのとき彼は、そうした苦痛と恥辱の加害者にたいして、復讐心や怒りをもたないばかりか、心に憐憫《あわれみ》の情をいだくのでなければならない。

## 23
## 完全な愛があるところに完全な無所有がある

愛と独占的な所有とは、けっして相容れることはない。理論的には、完全な愛があるところでは、完全な無所有があるはずである。肉体は、わたしたちが最後まで手離すことのない所有物である。そのために人は、人間への奉仕のために、死を受容し、肉体を放擲《ほうてき》するとき、はじめて完全な愛を実践し、完全に無所有の人になれるのである。

とはいっても、これは理論的にのみ真実である。現実生活では、わたしたちはほとんど完全な愛を実践することはできない。なぜなら、所有物としての肉体が、つねにわたしたちにつきまとうからである。人はどこまでいっても不完全のままであり、彼の義務《つとめ》は完全になろうと努めることである。したがって、愛や無所有において完全であろうとしても、わたしたちが生きているかぎり、それはけっして成就できない理想《ゆめ》といえよう。それでもなお、わたしたちはその理想に向かってたゆみない努力をつづけなければならない。

## 24
## 知足の精神

無所有は不盗と関連がある。たとえ本来は盗んだ物でなくとも、わたしたちが必要でない物を所有しているなら、それは盗品とみなされなければならない。所有するということは、将来のために貯えることを意味する。

真理の探究者、すなわち愛の法の信奉者は、明日に備えてなにひとつ貯えてはならない。神は明日のために貯えるようなことはしない。言いかえると、神はその時どきにどうしても必要な物以外は、けっして創造することはしない。したがって、もしわたしたちが、神の摂理を信じるなら、神は日ごとに日常の糧《かて》を、つまり、わたしたちが必要とするすべてのものを与えてくださることを確信していなければならない。古来このような信仰に生きた聖者や信仰者たちは、彼らの経験から、つねにこのことの真実《まこと》を立証してきた。日々われらに日常の糧を与え、余分なものはお与えにならないという神の掟を、わたしたちが無視したり蔑《ないがし》ろにしたりすることが、不平等や、それに伴ういっさいの不幸をひきおこすのである。富者は、要りもしない余計な物をふんだんに貯めこみ、結局はそれらをなおざりにし、浪費する。いっぽう、幾百万という人びとは、食べ物がなく餓死するのである。もし各人が必要な物だけを所有するなら、ひとりとして困窮する者はなく、万人が満足に暮らしていけるだろう。実際には、富者も貧者におとらず不満をかこっている。貧者は百万長者になりたがり、百万長者は億万長者になりたがる。富者は、知足の精神があまねく世にひろがるよう、率先して無所有を励行しなければならない。富者が自分の所有財産をほどほどに制限するだけでも、飢えた者が容易に養われ、富者とともに満足することを学ぶだろう。無所有の理想を完全に充足するためには、人は鳥のように頭上に屋根をいただかず、余分の衣服をもたず、明日のために食物を貯えないことが求められる。なるほど人間には日々のパンは必要だが、それを供給するのは神のなせる業《わざ》であり、人の分ではない。このような理想に到達できる人は、たとえ実在するとしても、きわめて稀れであろう。しかしわたしたち一般の求道者たちも、それが不可能事に見えるからといって、しりごみしてはならない。そしてわたしたちは、たえず理想を視野におき、その光にてらして、己の所有物をきびしく吟味し、その節減に努めなければならない。言葉のほんとうの意味における文明は、需要と生産を増やすことではなく、慎重かつ果敢に、欲望を減らすことである。ただこれのみが、真の幸福と満足感を増幅し、奉仕の能力《ちから》を倍加するのである。

❖　本節は、ガンディーが青年時代から『新約聖書』を愛読し、キリストの教えに深く傾倒していたことをうかがわせる好例である。[『新約聖書「マタイ伝」6章』参照]。

## 解説

# 「わが闘争《たたかい》の信条」

ガンディーの人生と闘争《たたかい》の因《よ》って来たる根本原理が、終始一貫して「非暴力《アヒンサー》」であったことは言うまでもない。そして彼は、現実の闘争の場と過程において、いろいろ「実験」を試みながら、非暴力の闘いを最終的に「サッティヤーグラハ」と命名し、名実ともにそれを、彼自身と民族に固有の闘争へと発展させた。

若きガンディーが南アフリカで、同胞の人権獲得運動に立ちあがったとき、当初彼は、彼の提唱した非暴力の運動を、敬愛するロシアの文学者トルストイにならって、「受動的抵抗（Passive Resistance）」と呼んでいたが、その後、アメリカの思想家ヘンリー・ソローの革新的な社会思想に感銘を受け、「市民的不服従（Civil Disobedience）」【7, 8】と改名した。それでもなお、民衆の顔になにかものたりなさが感じられ、両者を合わせて「市民的抵抗（Civil Resistance）」としたが、やはりしっくりこなかった。もちろんこれは、たんなる名称だけの変更ではなく、ここには「受動的」を「市民的」に、「抵抗」を「不服従」に、さらには「市民力を結集した抵抗」へと、運動の積極性のイメージを強調せんとの意図がうかがわれる。

しかし、いずれのスローガンも、グジャラート語やヒンディー語のように、民衆の胸に直接響く母語ではなく、そもそも外国語からの借用であった。南アフリカのガンディー運動の参加者たちの多くは、インド各地から低賃金で駆り集められた貧しい鉱山労働者や農民たちであり、呼称を改めてみても、「受動的」と「市民的」、「抵抗」と「不服従」のあいだにいっこうに差異を感じなかった。さらに、これらのスローガンには、ガンディーの目ざす「非暴力・愛・真理」といった精神が、表立って表現されない。ガンディー自身もこれらのスローガンを口にしながら、なにか意にそぐわぬものを感じていた。「受動的《パッシヴ》」という語が狭義に解釈されると、「弱者の武器」という意味にとられてしまう。弱者の武器の特徴は憎悪であり、「最終的には暴力を表わすことにもなりかねない」。したがって「インド人の闘争を表すためには、新しい語を作り出さなければならないのは明らかであった」(『自叙伝』)。

そこで、ガンディーは、彼の週刊紙『インディアン・オピニオン』に、読者から運動の呼称を懸賞募集したところ、応募のなかに「正しきを堅持する・固執する」という意味の「サダーグラハ」という一語を発見して喜んだ。それから彼は、その語の意味をさらに明確に強化するために、これを「真理に固執する(真理を掴《つか》んで離さない)」という意味の「サッティヤーグラハ」という語に言いかえた［第1章【2】註参照］。「サッティヤーグラハ」は、自己犠牲によって相手の不正や邪心を浄化する「魂の力」である【1, 2, 5】。そしてこの語は、ガンディーのその後の生涯の闘いの道標となった。彼自身、よほどこのスローガンが気に入ったらしいことは、【3】に、「この用語の発案者であること」を、いくらか誇らしげに述べていることからもうかがえよう。

「サッティヤーグラハ」の重要な武器の一つは「非協力(運動)」であった。ここでガンディーが協力を拒否し闘ったのは、イギリス人ではなく、長年にわたってイギリス人がインドに持ちこみ、築きあげた統治制度と、西洋文明の害毒であった。非協力は、まず第一に、こうした外国の支配や文明のわずかなおちこぼれにあずかろうとして、イギリス人や西洋文明に媚《こ》び、自らすすんで外国支配に協力してきたインド人のさもしい乞食根性を断ち切ることから始めなければならないと、ガンディーは国民に説いた。若き日ガンディーは言った――「イギリス人がインドを奪ったのではない。われわれが彼らにインドをくれてやったのだ。彼らがインドに居座わっているのは、彼らの強さのためではなく、われわれが彼らをひきとめているからである」(『ヒンド・スワラージ』)と。

したがって、「[われわれが]非協力をおこなう第一の動機は、邪悪にして反省心のない政府から協力をひきあげることによって、自らを浄化することである」【11】と、彼は言った。そして、第二は、「政府のいっさいの統制や管理から自立すること」【11】、すなわち、イギリスの統治や文明への依存心をかなぐり捨てて、自分の足でしっかりと立ち、「自治《スワラージ》」をおこなうことだと、彼は言った。

ゆえに、通常「非協力(運動)」と訳されているガンディーのNon-Cooperationは、ただたんに政府への協力を拒否するという消極的・否定的な行動ではなく、協力を拒否することによって、自治を達成し、確立するという、積極的・肯定的な計画を伴うものであった。そのためにガンディーは、非協力運動の具体的プログラムとして、つぎのような項目を提唱した——(1)[政府から与えられた]称号・名誉職の返還、(2)政府行事への出席拒否、(3)公立学校からの子弟のひきあげ、(4)裁判所のボイコット、(5)軍人・教職員、労働者の海外派兵拒否、(6)新統治法による選挙ボイコット、(7)外国製品のボイコットなど、である。

反面、非協力運動は積極的な自立への道を指向した。たとえば、公立学校からの子弟のひきあげにともない、知識人青年たちがすすんで遠隔の村に出向いて国民学校を設立し、子どもたちばかりではなく、読み書きのできない大人たちのあいだでも基礎教育を普及したし、また裁判所のボイコットは、インド古来のパンチャーヤット[村落自治制度]を復活させ、さらに、外国製品(外国布)のボイコットは、糸車の奨励と普及という、農村経済の復興を招いた。このように、ガンディーの非協力は政治・経済・社会・教育の建設事業と表裏一体をなすものであった。

ところでガンディーは、なぜこれほどまでサッティヤーグラハ、非協力を重視し、それらに固執しなければならなかったのか、一考してみよう。

ガンディーは1909年、いわゆる南アフリカ時代［1893年〜1914年］に、同胞の人権問題を陳情するためにイギリスに渡った。そして帰路の船上で得たまとまった余暇を利用して、わずか10日間たらずで、南アフリカでの10年間にわたる受動的抵抗から得た闘争体験と思索を総括する最初の著書『ヒンド・スワラージ（インドの自治）』を、グジャラート語で書きあげた。同書は間をおかず英語版も出版されたが、その後アメリカでは『海上の垂訓』という表題で出版された。それがイエス・キリストの有名な「山上の垂訓」にちなみ、洋上で語られた「福音書」の意であったのは言うまでもない。わずか百ページそこそこの小冊子ながら、今日なお「ガンディー思想の精髄」、「近代文明への警告の書」として世界各国で読みつがれている。

内容は、政治・宗教・文明・教育など多岐にわたるが、そこでガンディーは、彼の思想の重要な発想源となった「目的と手段」について、独自の論を展開している【17】。

世間では通常、手段は目的に到達するための便宜上の方法《みち》にすぎず、「手段はしょせん手段にすぎない」【15】と考えられがちであるが、ガンディーの発想はむしろこれとは逆である。彼によれば、目的は手段の積み重ね、集大成であり、どんな高邁な理想や目的も、手段が誤っておれば達成することはできない。「わたしが大海を渡りたければ、船を使ってはじめて海を渡ることができる。その目的のために馬車を使ったのでは、馬車もわたしも、たちまち海底の藻屑《もくず》となるだろう」【17】と、目的と手段の正直な相関関係をみごとに喝破し、「独立」という大儀のためならば、多少の欺瞞や謀略、ときには人を殺傷することもやむなしとする血気にはやる若きテロリストたちをきびしく戒めた。このためガンディーは、現実の闘いに臨んでも有利・不利を度外視した。そして目的［自治］達成をなによりも先行すべしとする性急な愛国者たちから、どのように説得され、反対されようとも、手段、すなわち非暴力とサッティヤーグラハについては一歩も譲ることはなかった。

言うまでもないが、いかに自分が真理にてらして正論を唱えているとしても、現実に利害の対立する政府や、主張を異にする政敵から、彼の主張が容易に受け容れられると考えるほど、ガンディーは楽観的ではなかった（ガンディー自身は、「手に負えぬ楽観主義者」をもって自認していたが）。「理論的に正しいと思われるとおりをそのまま実行に移す」【20】など、政治の場ではほとんど不可能事に近いことを、ガンディーは生涯にいくたびも呑まされた苦い杯で知っていた。たしかに、彼の「人生は妥協の連続である」【20】という言葉には、実感がこもっている。しかし、彼の言う妥協は「真理」を省《かえり》みず、いわゆる「足《た》して二で割る」式の安易な折れ合いではなかった。ガンディーの妥協は、「真理への固執」【18】によって、ぎりぎりの線まで忍耐・譲歩し、相手の善意を引き出そうと努めることであった。そのために、彼の妥協的態度は、しばしば味方からも裏切り行為とみなされ、味方の（敵ではなく）直情的な過激分子たちを逆上させ、文字どおり、袋叩きの暴力を受け、瀕死の重傷を負わされたことも、一度や二度ではなかった。

もちろん政府（南アフリカ自治政府もインド政府も）は、ガンディーのサッティヤーグラハや非協力不服従運動にたいして手をこまねいていたわけではなかった。しかし、相手の武器が「非暴力」という、なんとも対応しにくい武器であったため、迎え討つ政府のほうもいろいろ苦慮したようである（ちなみに、総督を中心とする政府高官たちの往復書簡に、この間の消息が如実に伺える）。ともあれ、他に方策があるわけではなく、政府は常套どおり、警官隊のラーティー［鉄を巻いた棍棒］襲撃や鞭打ち、軍隊の発砲や騎馬兵の突入などをもって、インド人の平和行進を叩きつぶそうと、手を代え品を代えて対応した（あるときガンディーは、「イギリス人はハエを叩くのに、金槌をもってした」との名台詞《せりふ》を吐いた）。問答［裁判］無用の逮捕・監禁・投獄は日常茶飯事であった。

ガンディーは、サッティヤーグラヒ［サッティヤーグラハの戦士・信奉者］たちに、運動を開始するにあたり、牢獄の辱《はずかし》め、極寒極暑、ひもじさ、強制労働など、受難の覚悟を呼びかけ、覚悟の定まらぬ者、不安な者は遠慮なく戦列を離れるよう促した。この呼びかけはかえって戦士たちを奮い立たせ、「牢獄をサッティヤーグラヒで満たそう」を合言葉に、信奉者たちは続々と刑務所に向かって行進した。しかし、現実を慮《おもんぱか》るとき、その日暮らしの貧しい農民や労働者たちが、職場を放棄して、サッティヤーグラハの旗じるしのもとに集結し、運動に参加するというのは、想像を絶する犠牲的行為であった。「純正で無実な人たちの受難［をもって］権力者たちになんらかの心の変化を起こさせる」【22】のが、ガンディーの世に言う「牢獄行進」の狙いであった。ゆえに、「心中に憎悪や悪意や暴力をたぎらせている数多くの名ばかりの非暴力主義者たちの牢獄の受難では……自治《スワラージ》は獲得できない」【21】と、ガンディーは説いたのである。なお、ガンディー自身もその生涯に、南アフリカで4回と、インドで6回の、合計10回の下獄の苦い体験をしたことを付言しておく。

闘いに臨む指導者ガンディーの身辺は、だれの目からも、秋空のように一点の曇りもなく澄み切っていた。第一回非協力運動前夜のイギリス人官吏たちの機密書簡を読んで驚くのは、彼らのだれもがガンディーを「厄介者、扱いにくい謎の人物」としながらも、その人柄の誠実さ、高潔さについては異口同音に讃美していることである。それは、ガンディーがつねにわが身を民衆のなかの「もっとも賤しい人、貧しい人」（タゴール）の水準におき、彼らの一人になりきろうと努めていたためであろう。彼は完全な愛の人、無所有の人であった【23】。

「無所有は不盗と関連がある」【24】と、ガンディーは言った。「不盗」は、ガンディーが彼のアーシュラム［修道場］の同志や弟子たちに説いた、いわゆる信条の重要項目の一つである［『イエラヴァーダー・マンディルから』(1932年)］。人の所有物を奪ってはならない、盗んではならないというのは、古来どの社会でも宗教でも教えてきた、むしろ陳腐な徳目の一つであり、いまさらガンディーが日々厳しい修行に励む弟子たちに、獄窓からことあらためて書き送るほどの徳目でもあるまい、と考えた門人たちがいたかもしれない。しかし、ここでガンディーが説いた「不盗」の教義には、もっと深い人間の叡知が、とりわけ今日の先進社会に生きるわれわれへの深い反省とメッセージがこめられている。

ガンディーによれば、たとえば、肥った金満家が食卓《テーブル》に美味なご馳走の皿を並べるとき、それはたんなる個人の贅沢ではなく、その日の食事にもことかく多数の貧乏人から食を奪っていることである。また金持ちの女性が、金糸の縫いこみをした豪華なサリーと高価な宝石を身につけて着飾るとき、それは粗末な木綿の衣一枚も身にまとえず、寒さにふるえる半裸の貧者から衣類をはぎとり、盗みをはたらいていることになる。

ガンディーは、国家と社会の権力や圧力をもって、機械的・強制的に貧富の格差を地ならしすることには反対したが、人びとのあいだに、無所有の精神、すなわち他人の痛みをわが身にひきうける心のやさしさ、人間的良心、ひとことで言えば、「愛」を世に広め、深めることによって、醜い貧富の格差は消滅するだろうと考えた。富者には「己の所有物をきびしく吟味し、その節減に努め」るよう、他方貧者には、「他人を羨《うらや》まず、妬《ねた》まず、依存心を捨て」るよう説いた。ガンディーは言った——「民衆を物乞いにしてはならない。彼らは日々その糧を稼ぐべきである。彼らに日々の糧をめぐんではならない」と。

彼はよく冗談のように、「わたしは過激なコミュニストよりも、はるかに過激な平等主義者だ」と言ったそうだが、真に平等な社会は「無所有」の精神から始まる。富者も貧者も無所有を理想とする社会では、富者は貧者を蔑視せず、貧者は富者を恨むことはない。なぜなら富者も貧者も、ともに欲望を減らし、無所有を生きることを最終目標とするからである。それが実際にはむずかしい注文であることをガンディーは知りぬいていた。それゆえに、すべての彼の言葉と教えがそうであったように、ガンディーは自ら無所有を生きる歓びと充足感を実例をもって世に示したのである。

# 第4章
# 祈りと宗教

1

## 宗教は人間の数ほど無数に存在する

諸宗教は一か所に集まる別々の道である。同じ目的地に到達するというのであれば、違った道を辿ったところで、いっこうにかまわぬではないか。事実、この世界には、宗教は人間《ひと》の数ほど無数に存在するのだ。

2

わたしは、地球上には宗教は一つしかありえないとか、宗教は一つになるだろうとかいった考え方には賛同しない。だからこそわたしは、宗教に共通の要素を見出し、相互間の寛容を勧めるべく努力しているのである。

3

## 宗教はたくさんの枝の生い茂る一本の大樹である

世界には宗教は一つしかないと言える日が、いつか来るだろうとは、わたしは考えていない。ある意味では、今日においてさえ、世界には一つの根本宗教が存在するだけである。自然界には直線などというものはありえない。宗教はたくさんの枝の生い茂る一本の大樹である。枝として見れば、宗教は数多く、樹として見れば、ただ一つである。

4

いろいろ異なる宗教が存在するかぎり、それぞれの宗教には、なんらか独自の象徴《シンボル》が必要かもしれない。しかし、その象徴が盲目的な崇拝の対象に祀りあげられ、他宗教にたいして自宗の優越性を誇示する道具にされるときには、そのような象徴は破棄されてしかるべきである。

## 5
## 人間の渇仰の産物

寺院にしろ、モスク［イスラーム教寺院］にしろ、教会《チャーチ》にしろ……わたしはそうしたさまざまな神の住居《すまい》を区別するものではない。それらは、信仰が産《う》みだしたものであり、なんとかして目に見えないものに至ろうとする人間の渇仰の産物である。

## 6
## 宗教の一つ一つは共通の宗教的動機をやどしている

世界のさまざまな宗教の長所を評価するのは不可能だと、わたしは信じている。それからまた、それを試みるのは不必要で、害あって益なしだとも考えている。しかし愚見では、それらの宗教の一つ一つは、共通の宗教的動機をやどしている。すなわち、人間の生を高め、人生に目的を与えようとの願いがそれである。そして、イエスの生涯には、これまでわたしが随所で触れてきた深い意味と超越的な卓越性が含まれているために、彼はたんにキリスト教だけではなく全世界に、すなわちすべての民族と人びとに属している——したがって、どんな旗じるし、名称、教義のもとで、その民族や人びとが生活し、信仰を告白し、祖先から受けついできた神を礼拝しているかは、ほとんど問題にはならない。

## 7
## 宗教の平等の原理

他宗教の聖典を批判したり、その欠点を指摘したりすることは、わたしの任ではない。けれども、他宗教の聖典に含まれていると思われるさまざまな真実を公言し実践するのは、わたしに許された特権であり、またそうすべきである。したがってわたしは、理解に苦しむ『コーラン』の諸事象や、預言者［ムハマッド］の生涯を批判したり、非難したりはしないだろう。それどころかわたしは、預言者の生涯のなかで自分にも評価でき納得のゆく数々の側面については、機会あるたびに喜んで賞讃の意を表したい。理解に苦しむことがらについては、敬虔なムスリム［イスラーム教徒］の友人たちの目をとおして見ることで満足している。と同時にわたしは、イスラーム教の卓越した解説者であるムスリムの学者たちの著述の助けをかりて、自分にわからないことを理解しようと努めている。自分の宗教と異なる諸宗教にたいして、こうした敬虔な態度をとって、はじめてわたしはすべての宗教の平等の原理を実感できるのである。しかし、［自宗］ヒンドゥー教を浄化し、またそれを清浄に保つために、ヒンドゥー教の欠点を指摘することは、わたしの権利でもあり義務《つとめ》でもある。しかし、ヒンドゥー教徒でない批判者が、ヒンドゥー教を批判し、その欠陥を並べたてるときは、彼らはただ、ヒンドゥー教についての己の無知と、ヒンドゥー教徒の観点からこの宗教を考える能力の欠如とを露呈しているだけのことである。そうすることは、彼らの洞察力《ヴィジョン》をゆがめ、判断をそこなう。このようにして、ヒンドゥー教にたいする外部からの批判者たちをこの目で見てきた経験から、わたしは他宗教の理解への自分の限界を痛感し、イスラーム教やキリスト教、あるいはそれらの宗教の創始者たちについて批判するには、よほど心しなければならないことを教えられたのである。

## 8
## 理性が通用せぬところでは信仰の力を信じる

わたしは『ギーター』［解説参照］をも含めて、すべての聖典について自分なりに判断をしている。わたしは聖典の語句をもって、わたしの理性に代えることはできない。主要な聖典は神の霊感を受けて書かれたものであることは信じているが、それらは二重の蒸留過程を経たものである。まず第一に、それらは人間である預言者をとおしてもたらされたものであり、第二は解説者の評釈をとおして世に伝えられたものである。聖句のひとつとして、神から直接聞いたものはない。マタイ[1]はある聖句に一つの解釈を与え、ヨハネ[2]は別の解釈を与えているかもしれない。わたしは、神の啓示があったということには異議はないが、だからといって自分の理性を放棄することはできない。なんといっても、「文字は殺すが、霊は生かす[3]」からである。とはいっても、あなたがたはわたしの精神の基本的態度を誤解してはならない。理性が通用せぬところでは、わたしはやはり信仰の力を信じているのである。

1、2　それぞれ、『新約聖書』「マタイ伝」「ヨハネ伝」の作者。
3　『新約聖書』「コリント信徒への手紙（二）」3-6。

9

人はしばしば鸚鵡《おうむ》のように神の御名《みな》を繰り返し、そうすることでご利益を期待する。真《まこと》の求道者は、彼の内部《うち》から鸚鵡のような繰り返しの偽りを一掃するだけではなく、他の人の心からもそのような虚偽を追放する。そうした強い信仰をもたなければならない。

10

宗教の真《まこと》の管理人であるべきはずであった僧侶たちまでが、自分たちが管理人をつとめる宗教の破壊の手先をつとめてきたというのは、悲しむべき事実であるが、［残念ながら］それは歴史的真実である。

11

## 生きとし生けるすべてのものへの奉仕のうちに自分自身を発見する

わたしたちは己を完全に無にするまでは、内面《うち》なる悪を克服することはできない。神は、人間らしいほんとうの自由にたいする代価として、完全な自己放棄を求める。こうして、人が自己を無にするとき、彼は即座に、生きとし生けるすべてのものへの奉仕のうちに自分自身を発見する。それは彼の歓喜《よろこび》であり、再生となる。彼は新しく生まれ変わった人間であり、神の創造活動に役立つべく自らを献《ささ》げることに、けっして倦《う》み疲れることはない。

12

各人は、内面《うち》から自分の平安を見出さなければならない。そして、真正の平安は、外部《そと》の環境に影響されるはずはない。

13

## わたしは平静を信条とする

わたしは平静を愛する人間である。わたしは平静を信条とする。しかしわたしは、なんでもかでも静謐《せいひつ》を求めるというのではない。墓場に見られる静穏は望まない。わたしが望む平静とは、人間の胸に深く刻みこまれた平安であり、全世界の矢面に立ちながら、なお全能の神の力によっていっさいの害悪から守られている平安である。

14

人の心のなかには、闇の力と光の力のあいだで荒れ狂う永遠の葛藤がある。そして、よるべき祈りの頼みの綱をもたない者は、闇の力の餌食になるだろう。

15

## 祈りは人間の生活の核心そのものである

祈りは、まさに宗教のこころであり、精髄である。そしてそれゆえに、祈りは人間の生活の核心そのものである。なぜなら、いかなる人も宗教なしには生きられないからである。

16

祈りは老婆のひまつぶしの楽しみごとではない。その意味を正しく理解しておこなう祈りは、最強の行動の道具である。

17

## 祈り

祈りはわたしの人生の救いであった。祈りがなかったなら、わたしはとっくのむかしに正気を逸していたことだろう。わたしは『自叙伝❖』に、公的にも私的にも、この上なくつらく苦《にが》い体験をわたしなりに嘗《な》めてきたことを語った。それらは、一時はわたしを絶望の淵につきおとしたこともあったが、もしわたしがそこから脱出することができたとすれば、それは祈りのお蔭であった。

❖ **自叙伝**……1925年にガンディーは、ある知人の熱心な勧めで『自叙伝』を書くことを思い立ったが、それは、功なり名をなした政治家や実業家たちの、いわゆる「西洋的な意味での本格的な自叙伝」ではなく、ひたすら「真理」を追い求めた一介の求道者の赤裸々な半生の物語として執筆された。したがってガンディーは、少年時代からの失敗や挫折、羞恥や逸脱のすべてを包み隠さず白日のもとにさらけだし、そこに大いなるものの見えないはからいを描きだそうとした。そして、『自叙伝』に「わたしの真理実験の物語」という副題を添えた。物語は、1927年から29年にかけて彼のグジャラート語の週刊紙『ナヴァジーヴァン』と、英文週刊紙『ヤング・インディア』に連載された。「ここに小説より魅力あふれる自叙伝がある。それはかつて私の読んだどんな書物よりも、人間の魂《こころ》を鮮やかに見きわめたものである」——これは、あるアメリカの著名な司教の寸評である。

18

## 平静さは祈りから来ていた

政治の地平線上では失望の視線がわたしの顔をみつめてはいたが、わたしはけっして心の平静さを乱すことはなかった。事実、そんなわたしの平静さを羨《うらや》む人たちもいた。あの平静さは祈りから来ていたことを、わたしは告白する。わたしは識見豊かな学者ではなく、祈りの人であることを謙虚に言明する。したがってわたしは、［祈りの］形式については無関心・無頓着である。人間だれもが、その点では、自分流にやればよい。とはいえ、いくつか間違いのない道はある。したがって古《いにしえ》の師たちによって踏みならされた道を行くのが安全である。

19

絶対的な静寂は海の法則［本質］ではない。そして、人生の海についてもこれと同じことが言える。

20

## 精神的な態度こそがすべてである

精神的な態度こそがすべてであることを、わたしは知っている。祈りが小鳥のさえずりのように、たんなる機械的な詠唱の繰り返しに堕する場合がある。同じように断食も、たんなる肉体の機械的な自虐行為に陥りかねない。……いずれの行為も、内なる魂に触れることはないだろう。

21

## 真実の祈りは聡明で明晰でなければならない

［邪念のない］純粋な断食は、肉体と心と魂を浄化する。それは肉欲を抑制し、その程度に応じて魂を解放する。心からの真摯な祈りは、不思議［奇蹟］を可能にする。それは、もっと大きな清浄を求める魂の切なる熱望である。こうして得た心の清浄は、それが高貴な目的に利用されるとき、祈りとなる。したがって、断食と祈りは、浄化のきわめて強力な道程《みち》である。このように心身を浄化することで、必然的にわたしたちはいっそうよく私たちの義務《つとめ》を果たし、目標に到達することができる。それゆえに、も

しときとして、断食や祈りに反応がないように思われることがあれば、それは断食や祈りが無用だからではなく、その背後に正しい精神がこもっていないからである。

真実《まこと》の断食には、清浄な思想《おもい》と、悪魔のいっさいの誘惑に抵抗せんとの決意を受け容れる心がまえがともなう。同様に、真実《まこと》の祈りは聡明で明断でなければならない。人は祈りと一体化していなければならない。心にあれこれさまざまなことを考えながら、唇にアッラーの御名《みな》を唱えつつ数珠をつまぐるなど、害あって益なしである。

## 22

## 断食はこの上なき真実の祈りである

完全な断食は、文字どおりの全面的自己否定である。それは、この上なき真実《まこと》の祈りである。「わたしの生命を受けとってください。そしてつねに、それがひたすらおんみのためのものでありますように」という祈りは、口先だけの言葉や形式的な表現ではないし、またそうであってはならない。それは、いささかの猶予のない生命《いのち》がけの、歓ばしい自己放棄であらねばならない。食物や水すらも断つというのは、断食の初めの一歩であり、自己放擲の最少の部分である。

## 23

断食をすることは、神のご加護の結果でなければ、ただいたずらに飢えるだけである——それ以下とは言わないまでも。

## 24

断食はそもそも、わたしの血と骨の髄のなかにある。わたしはそれを、母の乳といっしょに吸収した。わたしの母は、家のだれかが病気になると断食をした。また苦しいこと、つらいことがあると断食をしたし、それも季節を問わずいつでも食を断った。そんな母の息子であるわたしが、どうして断食せずにいられようか。

## 25
## 彼らはみな自らすすんで貧しさを自己の運命として受け容れた

イエス［キリスト］、ムハンマド［マホメッドとも記される］、ブッダ［仏陀・釈尊］、ナーナク[1]、カビール[2]、チャイタニヤ[3]、シャンカラ[4]、ダヤーナンダ[5]、ラーマクリシュナ[6]らはみな、数え切れないほどの人びとに影響をおよぼし、人びとの人間形成に寄与してきた。世界は、このような人たちがこの世に生きたということで、いっそう豊かになっている。そして彼らはみな、自らすすんで貧しさを自己の運命として受け容れたのである。

1　**ナーナク**……16世紀初め、北インドのパンジャーブ地方に普及したヒンドゥー教改革宗教＝シク教の創始者。イスラーム教の一神教的影響を多く受け、諸宗教の本質は一つであることを強調し、形式的な宗教儀礼や、カースト制度、偶像崇拝を否定した。

2　**カビール**……中世（15世紀）インドの代表的宗教詩人。通説では、バラモンの寡婦の私生児として生まれ、ムスリムの織工夫婦に拾われて養育されたと伝えられる。いずれにせよ、その生誕と成長にヒンドゥー＝ムスリムの両宗を宿命的に内包していたということであろう。ヒンドゥー教の偶像崇拝や沐浴、イスラーム教の形式的儀礼や巡礼、聖典の権威を痛烈に批判し、神は寺院やモスクにいますのではなく、人間の心のうちに存在することを、民衆の言葉で説いた。

3　**チャイタニア**……ヒンドゥー教チャイタニア派の開祖。16世紀にベンガル地方を中心に、北インド一帯にクリシュナとラーダーの夫婦神を熱狂的に信仰するバクティ（信愛）信仰をひろめ、民衆の宗教心に多大の影響を与えた。

4　**シャンカラ**……中世インド最大の哲学者。南インドのケーララ州の出身。インド正統学派として知られるヴェーダーンタ学派のアドヴァイタ（不二一元論）派の開祖。その説くところは、宇宙の根本原理ブラフマンと自我「アートマン（真我）」は一如をなすとする『ウパニシャッド』の「梵我一如」の哲理で、今日なおインド哲学の主流をなす。彼はインド全土をくまなく歩き、僧院を設立して、学説をひろめた。

❖5　**ダヤーナンダ・サラスヴァティー**……近代［19世紀］インドの宗教改革者。「ヴェーダに帰れ」を合言葉に、ヒンドゥー教のルネッサンス運動を展開した。ボンベイにアーリヤ・サマージ教団を設立し、ここを拠点に社会事業や教育活動をおこなった。偶像崇拝やカースト制度、霊場巡礼などを、すべて『ヴェーダ聖典』によらぬ後世の迷信として排斥した。

❖6　**ラーマクリシュナ**……19世紀ベンガルの生んだ世界的に知られる宗教者。厳格な修行と神秘体験をとおしてヒンドゥー教最高の「無分別三昧」の悟りに到達し、個我の魂アートマンと絶対者ブラフマンの一体感を体験し、すべての宗教は異なる道を通って、同じ一《ひと》つの真理に至ることを易しく語った。たとえば彼は、この高邁な理想を実に巧みな譬えをもって説いている。インドの川や池には、人びとが沐浴をしたり、水汲みや洗濯をするガートと呼ばれる石段がある。彼は言った——「ひとつの池にたくさんのガートがある。ある人は、そこから水を汲んで、それをベンガル語で『ジョル』だと言い、ある人は他のガートから汲んだ水をヒンディー語で『パーニー』と呼ぶ。そしてもう一人は、別のガートから汲んだ水を、英語で『ウォーター』と呼ぶ。しかし、呼び名は違っていても、実態はどれも同じ水だ。それなのに、やれこれはジョルだ、パーニーだ、いやウォーターだと言って争ったとしたら、それこそ笑い話ではないか」と。けれども、これが世界の宗教の現実だとラーマクリシュナは言うのである。

## 26
## 仏陀は生命のメッセージを説いた

**人類がかつて出会ったもっとも偉大な教師たちの一人は、人間の築いた建造物からではなく、亭々と生い茂る大樹の木陰❖で彼の生命《いのち》のメッセージを説いたのである。**

❖　仏教の開祖ゴータマ・ブッダは、きびしい苦行の末、最終的に今日のパトナーに近いブッダガヤーの菩提樹の下に坐して悟りをひらき、正覚者・仏陀となった。

27

悟れる人［正覚者・仏陀］は人びとに、忘れがたい印象的な言葉をもって、人の一生は移ろいゆく影のごとくであり、束の間のはかない生命《いのち》であることを語って聞かせた。

28

仏陀は、もしかれの愛の威光《ちから》に僧侶たちを屈服させるだけの力がないことがわかったとしても、僧侶たちに抵抗しつつ死んでいったことだろう。キリストは全帝国の権力を拒否して、頭に茨《いばら》の冠をきせられ、十字架上にかけられて死んだ。そして、わたしが非暴力を特性とする抵抗運動を起こすときには、わたしはただひたすら謙虚に、偉大な師たちの足跡に従うだけである。

29

## 生命あるすべてのものへの熱い慈悲心

仏陀の人類への貢献は、神をかれの永遠の座に復権させたことによって大きかったが、愚見では、仏陀の人類への貢献は、生命《いのち》あるすべてのもの——どんなに低い生命とされているものでも——への熱い慈悲心において、いっそう大きかったといえよう。

30

## 永遠にして不変の道徳律

仏陀は神［の存在］を信じていなかったとする主張が論議されるのを、わたしは数えきれないほどしばしば耳にしたし、また、仏教の精神を解説すると称する書物でも読んだことがある。愚見では、そのような思いこみは、仏教の教えの核心的事実そのものに矛盾する。思うにこの錯覚は、仏教の時代に神の名のもとに罷《まか》り通っていたいっさいの不純なことがらを、仏陀が拒絶した——正当にも拒絶したことに起因する。神と呼ばれる存在が、悪意にかられて行動するとか、自分の行為を後悔してはばからぬとか、地上の王たちのように平然と誘惑や賄賂を受けとるとか、寵臣《ちょうしん》をはべらせるなどといった考えを、仏陀が拒否したことは疑うべくもない。［ましてや］神と呼ばれる存在が自分の満足のために、欲望をみたそうと、動物——神自身の創造物である動物の生き血を要求するという［犠牲の］信仰にたいして、仏陀は心底から忿怒したのである。それゆえ彼は、神をあるべき位置に復権させ、［バラモン教全盛期の］一時期に、穢《けが》れなき神の御座を占拠していたかのように思われた簒奪者《さんだつしゃ》たちを王座から追放したのである。彼はこの宇宙を支配する永遠にして不変の道徳律［法］が存在することを強調し、再宣言したのである。仏陀は決然として、法こそは神自身であることを言明したのである。

31

わたしの慎重に考えぬいた見解では、仏陀の教えの本質的な部分は、いまやヒンドゥー教のもっとも不可欠な部分をなしている。ヒンドゥーたちのインドが今日、その永い歴史の歩みをさかのぼり、ゴータマ［仏陀］がヒンドゥー教におよぼした偉大な改革を跡づけることは不可能である。彼の計り知れない犠牲、大いなる自己放棄、生涯にわたる穢れない純潔によって、仏陀はヒンドゥー教に不滅の影響を遺したのである。こうしてヒンドゥー教は、かの偉大な師に永遠の恩義を負うている。……今日、仏教として罷り通っていることで、ヒンドゥー教が吸収しなかったのは、仏陀の生涯と教えの本質的［核心的］な部分ではなかったのだ。

32

## イエスの意味

わたしにとってイエス［キリスト］はどのような意味をもつのか。わたしには、彼は人類が生んだもっとも偉大な教師たちの一人であった。彼の信者たちにとっては、彼は神のもうけたもうた「独り子［独り息子］」であった。わたしがこの信条を受け容れるか否かという事実《こと》によって、イエスはわたしの人生になんらか［違った］影響を与えることができただろうか。それによって、彼の教えと教義のすべての偉大さは、わたしに禁じられなければならないというのか。わたしはそうは思わない。

## 33

わたしにとっては、神が「もうけ（生み）たもうた」という言葉は、精神的な誕生を意味する。言いかえるとそれは、わたしの解釈では、イエス自身の生涯が神の真近《まじか》にあったということの証《あかし》である。すなわち彼は、他のだれにもできなかったほど、神の御精神《みこころ》と御意志《ごいし》を表わしたのである。わたしが彼を鑽仰《さんぎょう》し、神の御子《みこ》として認めるのは、この意味においてである。

## 34

キリスト教は、それが西洋世界にひろがったとき、本来の姿を変えてしまった。残念ながら、わたしはそう言わざるをえない。

## 35
## イエスのメッセージ

西洋［社会］はキリスト教を標榜しているが、西洋にはキリスト教もキリストも存在しない、さもなくば、戦争などありえなかったであろうというのは、西洋についてのきわめて穿《うが》った論評である。わたしはこの言葉を、イエスのメッセージとして理解している。

36

## 剣を用いることについてはあまりにも節度がなさすぎる

わたしはイスラーム教を、キリスト教や仏教やヒンドゥー教がそうであるのと同じ意味で、平和の宗教であるとみなしている。もちろん、そこには程度の差はあるが、これらの宗教の目標は平和である。イスラームの信者たちは剣を用いることについては、あまりにも節度がなさすぎると、かつてわたしは苦言を呈したことがあった。しかし、それは『コーラン』の教えのせいではない。愚見では、それはイスラーム教が生まれた時代的・社会的環境のせいである。

37

神は一つであるとする純粋な信仰と、人みな兄弟という同胞愛の真理《まこと》を、名目的に同一集団内の信者たちに実際に適用しようとする態度は、イスラーム教の二つの特徴的な貢献である。

38

イスラーム教は、剣がはばをきかせていた環境のもとに生まれた。そしていまだに、その至上法が存続しているのだ。

39

イスラーム教の歴史は、たとえそれが［ときとして］道徳的な高みから逸脱するものであったとしても、多くの輝かしいページを有している。

40

わたしは、『コーラン』の教えそのものですら、批判の対象から除外されるものでないことを申し上げておきたい。

41

ヒンドゥー教とイスラーム教は、二つの相対立する文化と教義をもつとする見解には、わたしは心底から反対である。

## 解説

# 「一《いつ》なる神への多くの宗教——わたしの宗教観と信仰」

ガンディーの宗教観と信仰の独自性《オリジナリティー》と普遍性については、すでに第1章「非暴力の道」と第2章「真理探究と自己実現」の解説で、その重要点のあらましを述べたが、ここではいかなる具体的な信仰体験の経路《みち》を辿って、彼が「真理は神なり」との高邁な世界宗教の理想に到達したかを検証してみたい。

それぞれに異なる宗教の信者たちは、これまでもつねに「神は真理なり」と言ってきたが、彼らはこの言葉によって、自宗の神のみが真理であって、他宗の神は真理ではないと主張する危険を冒してきた。そこでガンディーは、それぞれの宗教の信じる神、すなわち真理は一《ひと》つであると説いた。世界の諸宗教は、本来一つなる真理から発する名称を異にする神、または神々にすぎず、人間を超えた絶対的実在＝真理は、古代よりインドの哲人たちが説いてきた「不二一元《アドヴァイタ》」の哲理がよく示すとおり、「一つなるもの」に帰一するはずである。ゆえに「諸宗教は一か所に集まる別々の道である」【1】と、ガンディーは言った。

とはいっても、民族や歴史や文化的背景の相違に由来する諸宗教の特性や発生の違いを無視して、たとえば「地球上には宗教は一つしかありえない」【2】とか、「世界には宗教は一つしかないと言える日が、いつか来るだろう」【3】とは、ガンディーは考えなかった。ましてや、諸宗教の長所と思《おぼ》しきものの寄せ木細工的な折衷宗教で、世界の宗教問題は解決すると主張しなかった。

ゆえに、それぞれの宗教の信徒たちが各宗教の歴史や特性を互いに認めつつ、その背後に（あるいは奥底に、と言ったほうがよいかもしれない）ひそむ「共通の宗教的動機」【6】を理解し合い、「世界には一つの根本宗教が存在するだけである」【3】との共通認識に立つとき、宗教間の争いの剣は無用になるだろう。「宗教はたくさんの枝の生い茂る一本の大樹である。枝として見れば、宗教は数多く、樹として見れば、ただ一つである」【3】――これがガンディーのメッセージである。しかし、遺憾ながら各宗教の信者たち――信仰や教義に忠実であればあるほど――は、自宗もまた「根本宗教」の一つであることを忘れ、「盲目的な崇拝の対象に祀りあげられた」象徴《シンボル》【4】に服従し、執着する。「他宗教にたいする自宗の優越性を誇示する道具」としての「象徴は破棄されてしかるべきである」【4】と、ガンディーは言った。

青年時代ガンディーは、キリスト教の『新約聖書』を愛読し、イエスの清浄な人格や「山上の垂訓」などの福音《おしえ》には深く共感したが、処女降誕や奇蹟、十字架の復活などの教義については、どうしても信仰を告白することはできなかった。このころガンディーは、何人かのヨーロッパ人の敬虔なクエーカー教徒から熱心に改宗を勧められたが、そのときもそののちも、ついにキリスト教に改宗することはなかった。友人たちは腹を立て、ヒンドゥー教の教義や神話の稚拙な矛盾点や信仰の非合理性を指摘したが、それらはもともとガンディーの信仰とは無縁のものであった。

ガンディーは、自宗ヒンドゥー教やキリスト教、その他の諸宗教の神話と奇蹟物語からも、多くの生き方や比喩的《アレゴリカル》な教訓を学んだが、彼はいつも、彼の理性の光にあてて神々の言葉や行為を解釈した。人間の理性のおよばぬ、あるいは理解不可能なるがゆえに奇蹟をありがたがる宗教的独善を彼は嫌った。「わたしは聖典の語句をもって、わたしの理性に代えることはできない」【8】と、ガンディーは言明した。また「わたしは、［聖典のことばに］神の啓示があったということには異議はないが、だからといって自分の理性を放棄することはできない」【8】とも言った。なぜなら、人間の高度な、訓練された理性は、神から授けられた、いわば、神の英知の火花であることを彼は信じていたからである。人間の理性の承認を受けられない宗教的非合理や独善は、人間性を高める宗教とはいえないと彼は考えていた。しかしながらいっぽう「とはいっても、あなたがたはわたしの精神の基本的態度を誤解してはならない。理性が通用せぬところでは、わたしはやはり信仰の力を信じているからである」【8】と、人間の理性の限りをもってしても遠く考えおよばぬ神の恩寵や大自然の神秘・不可思議にたいしては、謙虚に「信仰の力」を認めていた。ガンディーにあっては、理性と信仰は相対立・矛盾するものではなく、理性が魂へと飛躍するところ、合一する歓びが信仰であった。

さて先述したように、ガンディーは、信奉する宗教はと問われると、「ヒンドゥー教」と答え、つねに「よきヒンドゥー教徒」たらんと願った。しかし、一般にヒンドゥー社会で、「よきヒンドゥー教徒」というとき、それは日々寺院に詣で、司祭のとりなす祭礼に参加し、年中、あるいは日常の家庭での儀礼をかかさず、とりわけ古代の諸法典に規定された社会規範や慣習を忠実に遵守する信徒を指す。ガンディーのように寺院には参詣せず、司祭の儀式には参加せず、ましてや、不可触民を「ハリジャン（神の子）」と呼び、不可触民制の撤廃を呼びかけるなどは、善良なヒンドゥーにあるまじき法典への反逆であった。「サナータニスト（正統派）」を自称する高慢で自尊心にみちた一部のバラモンたちは、そんなガンディーが民衆から「マハートマ（偉大なる魂の人）」と呼ばれ、一身に崇敬を集めるのを見て顔をしかめ、不快感を露わにした。こうしたバラモンの呪いが、後年のガンディー暗殺の引き金になったことは言うまでもない。

ところで民衆は、何をもってガンディーを理想のヒンドゥーとみなし、ヒンドゥー最高の尊称の一つ「マハートマ」と呼んだのだろうか。ガンディーにおける「マハートマ」のアイデンティティーは何か。ひとことで言えば、民衆は眼前に映るこの人の生きざまと人格に、神のアヴァターラ（権化・化身）、似姿を見、彼の謦咳に神の声を聞いたのである。『自叙伝』に示されたとおり、国民の前になにひとつ隠し立てをせず、すべてを白日のもとにさらけだし、無私・無欲・無所有をつらぬいて生き、ひたすら国家と国民に献身・奉仕する、そんなマハートマの生き方が民衆の心を打ち、尊敬と信頼を集めずにはおかなかったのであろう。あるとき、ガンディーのアーシュラム［修道場］を訪ねてきた一人のアメリカ人宣教師がマハートマにたずねた——「あなたの信奉する宗教は何ですか」と。ガンディーはちょうどそのとき病のためアーシュラムの部屋で臥せっていた病人の方を向いて、「仕えること、奉仕することがわたしの宗教です」と答えたという。いかにもガンディーらしい回答である。

ところでガンディーが、自らをヒンドゥー教徒と自称し、生涯よきヒンドゥー教徒たらんと心がけたとき、彼は何をもってヒンドゥー教であると言ったのか。言いかえると、彼にとってヒンドゥー教のアイデンティティーとは何であったか。その一つは、彼がヒンドゥー教最高の聖典『バガヴァッド・ギーター（神の歌）』に深く帰依し、日々『ギーター』を読誦し、その精神に拠《よ》って生きようと努めていたことである。いわば『ギーター』は、彼の精神生活の指導原理であった。

『バガヴァッド・ギーター［一般に『ギーター』としてしたしまれている］』は、古代インド二大叙事詩の一つ『マハーバーラタ』中の、クリシュナ神を主人公とする七百頌より成る物語を、独立した聖典としたものである。内容は、バーラタ族が二分して戦った歴史的大戦争に臨んで、戦場にあってなお同族間の殺戮に苦悩し、逡巡する王子アルジュナを、彼の戦車の御者《ぎょしゃ》として登場するクリシュナ［実はヒンドゥー教最高神の一つヴィシュヌ神の化身］が、叱咤激励し、極限状況における人間の私心なき義務の遂行と、最高神への絶対的な帰依をじゅんじゅんと説いた物語である。ガンディーはここに、いわば「独立戦争」という、生か死かの極限状況に臨んで、神のことばの一言一句《ひとことひとこと》から、人間として、またヒンドゥーとして歩むべき「行為の道《カルマ》」を学ぼうとしたのである。——ちなみに、ガンディーの修道場《アーシュラム》では、毎日、朝な夕なにアーシュラムの修道士たちが集まって『ギーター』を諷誦し、ガンディーのギーター講話に聞き入ったという。

ここで思い出すのは、1930年の第二回非協力運動中、ガンディーはイェラヴァダー刑務所の獄窓から、ギーター講話を毎回1章ずつシリーズの形でアーシュラムの弟子たちに書き送ったことである。名著『イェラヴァダー・マンディルから』である。「マンディル」というのは「寺院」の意であり、ガンディーは「刑務所」を［いくらか皮肉をこめて］「寺院」と呼んだのである。ガンディーはいわゆる寺院には参詣しなかったが、彼の行くところどこにでも祈りの宮はあった。まこと、ガンディーは祈りの人、ギーターの人であった。

つぎに、ガンディーの宗教生活に目立って特徴的なことは、瞑想と祈り、自己放棄と断食であった。これらは、他のどの宗教にも共通する、信仰者にとっては日常的ないとなみであり、ことあらためてガンディーに特徴的とは言えないかもしれない。しかしガンディーのばあい、瞑想も祈りも断食も、生と死が隣り合う日々の闘争や獄中での、いわゆる一期一会的な意味での瞑想であり、祈りであり、断食であった。閑静な寺院や、美しい讃美歌の流れる教会堂ではなく、敵味方の怒声や銃声の飛び交う騒乱のまっただなかで、そこだけがぽっかり忘れられたような聖なる空間をかもしだす、ガンディーの祈りを見たとき、おそらく人はみな、この人には荘厳な聖堂も伽藍も必要ないことを認めずにはいられなかった（と、筆者は当時を知る人から聞いた）。本文【13】の「わたしは平静を愛する人間である。……」は、この間の消息を如実に伝えた言葉である。

そして、その「平静さは祈りから来ていたこと」【18】をガンディーは告白する。ゆえに祈りは「老婆のひまつぶしの楽しみごと」【16】や、「鸚鵡《おうむ》のように神の御名《みな》を繰り返し、そうすることでご利益を期待」【9】するような現金なものであってはならない。祈りはそれ自体、ガンディーの言う「目的」［第3章解説参照］でなければならない。なぜなら、「祈りは、まさに宗教のこころであり、精髄である。そしてそれゆえに、祈りは人間の生活の核心そのものである」【15】からである。

同様に、ガンディーの断食もまた、一般のヒンドゥー教徒が食を断ってご利益を得ようと、日常的・習慣的に繰り返す、いわゆる善行・苦行とは趣を異にしていた。ガンディーは生涯に——インド政府発行の「ガンディー年表」(1971年)によると——南アフリカで2回、インドに帰って15回と、前後17回の公的性格の断食をおこなっているが、これに、健康上の理由や私的動機からおこなった短時日の断食まで加えると、正確にその回数をかぞえるのはむずかしい。とりわけ17回の断食のなかには、「歴史的」とか「死に至る」と形容される生死を問わない壮絶ないくつかの断食が含まれる。仏教学者の山折哲雄氏は、これらの断食の「政治的・公的行為がいかに経過し落着したかという問題を軸にした……その観点から一種のガンディー略伝を構成する」という、たいへん興味深い着眼点に立って、すぐれたガンディー伝を試みている[『ガンディーとネルー』(評論社、昭和49年)]。

いまここでは、そうした断食の一つ一つの、動機と経過、具体的な成果と影響について述べる暇《いとま》はないが、ガンディーにとって断食とは何であったか、その意味を少しく問うてみたい。彼は言った——「[邪念のない]純粋な断食は、肉体と心と魂を浄化する。それは肉体を抑制し、その程度に応じて魂を解放する。……こうして得た心の清浄は、それが高貴な目的に利用されるとき、祈りとなる。したがって、断食と祈りは、浄化のきわめて強力な道程《みち》である」【21】と。すなわち、ガンディーにとって、断食は祈りの一形式であり、ゆえに「食物や水すらも断つというのは、断食の初めの一歩であり、自己放擲の最少の部分」【22】にすぎない。断食の真の目的は「全面的な自己否定」でなければならない。死を延長線上においた「いささかの猶予のない生命《いのち》がけの」断食こそが、ガンディーにとっては「歓ばしい自己放棄」【22】であった。そしてこの自己放擲から、地上最強といわれた大英帝国の権力の前に、堂々と胸をはだけて立ち向かう「真《まこと》の勇者の非暴力」が生まれたのである。

ガンディーが断食を開始すると、インド各地で、多くのヒンドゥーたちが「バープーに続け」とばかりに断食に入った。しかしガンディーは、国民のそうした擬似断食や同情断食を喜ばなかった。いわんや、断食をしながら、心中に断食後の美食を空想するような「ただいたずらに飢えるだけ」【23】の形だけの断食をきびしく戒めた。

「断食はそもそも、わたしの血と骨の髄のなかにある。わたしはそれを、母の乳といっしょに吸収した……」【24】と、ガンディーは彼の壮烈な断食を、苦行というよりも、幼い日の懐かしい母の思い出とともに語っている。ここで、『自叙伝』から、ガンディーの母の肖像の一枚を紹介しておこう。ガンディーの信仰心の無条件な帰依も、迷いなき篤信も、すべて彼が母から受け継いだものだったからである。

母プタリーバーイの日々は――すぐれた『ガンディー伝』の記者B・R・ナンダによれば――文字どおり「断食と誓願の尽きることのない連続であった」という。彼女は毎朝、欠かさず近くの寺院に参詣し、毎年雨季の4ヶ月間《チャートゥルマース》は、一日一食、年によっては隔日に断食をおこなった。ある年母は、太陽を拝まないうちは食物を口にせぬことを誓った。幼いガンディーは兄や姉たちといっしょに、戸口に立って空を仰ぎ見、陽が顔をのぞかせるのを待った。そして、少しでも雲間から日射しが見えると、子どもたちは一目散に家のなかに駆けこんで母に知らせるのだった。けれども、母が太陽を拝みに出ると、気まぐれな太陽はもう雲の向こうに姿を隠してしまっていた。子どもたちはがっかり肩を落とした。そんなとき、母は子どもたちを慰めるように言うのだった。――「いいのよ、心配してくれなくても。神さまはまだ、母さんに食事をなさいとおっしゃらないだけですから」と。

この幼い日の心あたたまる思い出を、後年ガンディー自身、自らの断食のたびに懐しんだにちがいない。彼が断食を始めると、国民のだれもが、たぶん少年ガンディーたちがしたように、断食の終結を告げる報らせを、いまかいまかと待ちわびながら、それこそ、家々の戸口に立ち、天に向かって祈ったにちがいないからである。

さて、当然のことながら、「すべての宗教は一つなる神に通じる異なる道」であることを信じてやまなかったガンディーは、すべての宗教の開祖や創始者、よき布教者や信徒たちを、宗教や宗派を超えてひとしく、聖者として、人間として崇敬し、彼らから多くを学び、自らの信仰の糧《かて》とした。「世界は、このような人たちがこの世に生きたということで、いっそう豊かになった」【25】と、「一つなる神」に仕えたそれぞれの宗教の偉大なる指導者たちを讃えた。そうした讃辞のいくつかを選訳したが、日本の一般の読者たちを念頭において、ブッダ［仏陀］についての言葉を章末に多く配した。ガンディーがとくにブッダについて多くを語ったということではない。

# 第5章
# 「国家」の原理

## 1
## むやみにヨーロッパの猿真似をしてはならない

もしインドが剣の教義を採《と》るならば、インドは一時的な勝利を収めるかもしれない。しかしそのときは、インドはもはやわたしの心の誇りではなくなるだろう。わたしは、わたしのすべてをインドに負うているために、インドと固く結ばれているのである。わたしはインドが全世界にたいして一つの使命を担っているものと固く信じている。インドはむやみにヨーロッパの猿真似をしてはならない。インドが剣の教義を受け容れるときは、それこそわたしの試練の秋《とき》となるだろう。わたしは思い残すことのないようやりたい。わたしの宗教は地理的限界をもたない。わたしが自分の宗教に確固たる信仰をもっているなら、それはインドそのものへのわたしの愛をも凌駕《りょうが》するだろう。わたしの生涯は、非暴力の宗教を介して、インドへの奉仕に献《ささ》げられているのである。

## 2
## インドは鉄の武器を必要とはしない

インドの使命は他国のそれとは違っている、とわたしは思う。インドこそは世界の宗教的主導権をもつにふさわしい国である。この国が自ら進んで経験してきた［宗教の］純化の過程❖に匹敵するものをもつ国は、世界広しといえども他にはない。インドは鉄の武器を必要とはしない。インドは、神の武器をもって闘ってきたのであり、いまなおそれをもって闘うことができる。他の国民は暴力の信奉者であった……［けれども］インドは、魂の力をもってすべてのものを勝ち得ることができるのである。歴史は、魂の力の前には暴力は無にも等しいことを立証する幾多の実例を提示している。そして、この国の詩人たちはそれを歌い、預言者［賢者］たちはその経験を語ってきた。

❖　インドは古代より、それぞれに異なる宗教・文化を有する多民族が、つぎつぎに侵入・定住を繰り返し、民族・宗教が互いに刺激し合いながら、同化を繰り返してきた。

## 3
## 貧しい人の自治・独立

わたしの夢みるスワラージ［自治・独立］は、貧しい人のスワラージである。生活の必需品が、王侯や富者に享受されるのと同じように、貧者にも享受されなければならない。とはいっても、このことは、あなたがた貧しい者が彼らと同じような宮廷に住まわなければならないというのではない。そのようなものは、［真の］幸福には無用の長物である。あなたがたやわたしが豪邸に住めば、それこそ行く先がわからず途方に暮れるだろう。しかしあなたがたも、金持ちと同じ、日常のすべての必要な品々を手に入れるのでなければならない。そうした基本的な日用品があなたがたに保証されるまでは、スワラージはプルナ・スワラージ［完全自治］とはいいがたい。このことを、わたしはいささかも信じて疑わない。

## 4
## インドの自由は真理の一部

わたしはインドの自由独立のために生き、そしてそのためには死ぬことも辞さないであろう。なぜなら、インドの自由は真理の一部だからである。インドは自由を得てはじめて神を礼拝できるのである。わたしがインドのために働くのは、わたしの愛国心［スワデシー］がわたしに、この国に生まれ、そして母国の文化を継承しているのだから、わたしが母国に奉仕するのはきわめて当然のことであり、インドもまた、わたしに奉仕を要求する優先権を有していると教えてくれたからである。だからといって、わたしの愛国心は排他的ではない。すなわちそれは、他国に害を与えないばかりでなく、真の意味で、世界のすべての国に益するよう意図されている。わたしが心に思い描くインドの自由独立は、けっして世界の脅威にはなりえない。

## 5
## 民族主義的な憎悪など入りこむ余地はない

わたしたちは母国の自由独立を願っているが、他国を犠牲にしたり搾取したり、あるいは他国を堕落させてまで、それを望むものではない。インドの独立がイギリスの消滅やイギリス人の滅亡を意味するのであれば、わたしは独立を望まない。他国が自由なわが国からなにかを学び、わが国の資源が人類の利益のために利用されるように、わたしはインドの自由を念願するのである。今日、熱烈な愛国主義者たちは、個人は家族のために、家族は村のために、村は地区［県］のために、地区は州のために、そして州は国家のために死ななければならないと説くが、それとまったく同じように国家は、必要とあれば、世界の利益のために死ぬことができるよう、自由でなければならない。したがって、わたしの国家主義にたいする愛、言いかえると、わたしの国家主義観は、人類が生き永らえるためには、必要とあれば、国全体が滅びることができるよう、インドが自由になれますように、というものである。そこには民族主義的な憎悪など入りこむ余地はない。この思想をもって、わたしたちの国家主義にしようではないか。

## 6
## いかなる国をも搾取する意志をもたない

わたしたちのナショナリズムは、他国にとってなんら脅威にはなりえない——なぜなら、わたしたちは他のいかなる国にもわたしたちを搾取させないのと同様、他のいかなる国をも搾取する意志をもたないからである。スワラージ［自治独立］をとおして、わたしたちは全世界に奉仕するだろう。

## 7
## 愛国心は人類愛と軌を一にする

わたしたちにとって愛国心は、人類愛と軌を一《いつ》にする。わたしは人間的で人道的なるがゆえに愛国者なのだ。わたしの愛国心は排他的ではない——わたしは祖国インドに仕えるために、イギリスをもドイツをも傷つけたくはない。帝国主義は、わたしの人生設計には受け容れられない。愛国者の［守るべき］法は、家長のそれとなんら異なるところはない。愛国者が生半可な人道主義者であれば、かえって愛国者とはいえない。個人が守り従うべき法と、政治上の法のあいだには、いっさい齟齬《そご》はない。

## 8
## 生命あるすべてのものを包摂する

わたしの使命は、ただたんにインド人の人間愛から同胞愛を導くことではなく、またたんにインドの自由独立を獲得することでもない——もっとも今日では、事実上わたしの生活と時間のすべてが、独立の問題にささげられていることはたしかであるが。しかし、インドの独立の達成をとおして、わたしは人類の兄弟愛を実現し、推進するという使命を果たすことを希《ねが》っている。わたしの愛国心は排他的なものではなく、すべてを包摂する。それゆえわたしは、他国民の苦痛や搾取の上にあぐらをかくことを要求するような愛国心は、断固拒絶しなければならない。わたしの愛国主義思想からすれば、それはどんなときでも例外なく、ひろく人類の最大の福利と一致していなければならない。もしそれが、人類の幸福とかならずしも一致しないというならば、そのような愛国心は無用の長物である。そればかりか、わたしの宗教と、わたしの宗教に因《よ》って来たる愛国心は、生命《いのち》あるすべてのものを包摂する。わたしは、人間《ひと》と呼ばれる生き物との同胞愛や一体感を実現したいと願うだけではなく、生きとし生けるすべてのものとの一体感を実感したいと願っている——地上を這いまわるものたちとも。

このように言って、みなさんを吃驚《おどろ》かせることにならなければ、わたしは地上を這う［蛇や毛虫のような］ものとも一体感をもちたいと思っている。なぜなら、わたしたちは同じ神の子であると称しており、また事実そのとおりなのだから、いかなる形態をとるにせよ、すべての生命は本質的には一つであるに違いないからである。

## 9
## 悲願は弱小民族の解放

わたしの悲願は［祖国インドの］独立よりも、はるかな高みにある。インドの解放をとおして、わたしは西洋の搾取の踏みつけるかかとから、地上のいわゆる弱小民族を解放しようとしているのである。

## 10
## 狭量、自己主義、排他主義が禍いのもと

人は国家主義者にあらずして、国際主義者たることは不可能である。国際主義は、国家主義が一つの現実的事実になったときに、はじめて可能になる――言いかえるとそれは、それぞれ異なる国に属している諸国民が、自分たちを組織して、一人の人間のように行動できるようになったときである。間違っているのは、国家主義ではない。近代国家の禍《わざわ》いのもとである狭量、自己主義、排他主義である。それぞれの国は、他国を犠牲にして利益を追求したり、他国の破滅のうえに隆盛を望んでいる。［これにたいして］インドの国家主義は違った道をたどってきた。インドは、ひろく人類の利益と奉仕のために自らを組織し、完全な自己表現を願っているのである。……神はインド国民のまっただなかに、わたしを投げ出されたのだから、国民に奉仕できなければ、わたしは自分の創造主の期待に背くことになるだろう。わたしは、どうして国民に奉仕すればよいかわからないというのであれば、どうして人類に仕えればよいかがわからないことになる

だろう。そして、祖国に奉仕するにあたり、他国を害するようなふるまいがないかぎり、たぶんわたしは、過ちを犯すようなことにはならないだろう。

11

わたしは自分の家の周りに壁をめぐらし、窓を塞いでいたいとは思わない。わたしは、すべての国々の文化の涼風《かぜ》ができるだけ自由にわたしの家に吹きこんでくることを望んでいる。けれども、なにものによっても、わたしの足を吹きとばされるのはご免こうむりたい。

12

わたしは、世界が一つであるはずがないというのであれば、この世界に生きたいとは思わないだろう。

13

わたしはイギリス人をとくに性悪だとか、他国の人たちより悪賢いと考えたことはなかったし、いまもそんなふうには思っていない。わたしは彼らを、他の人間集団と同じように、高邁な動機と行動を持ちうると同時に、ひとしく過ちを犯しかねない国民だと考えていたし、いまもなおそのように思っている。

14

わたしはイギリス人にたいしてなんらの敵意もいだいてはいないが、彼らの文明にたいしてはその限りではない。

15

**人種的優越感は宗教に近い**

人種的優越感は、イギリスの庶民にはある種の情熱《パッション》であり、ほとんど宗教に近いものである。

16

イギリス人は、あなたが彼に立ち向かうまでは、あなたを尊敬しない。あなたが立ち向かったとき、彼はあなたを好きになりはじめる。

17

イギリス人には［インドから］出て行ってもらわなければならない。わたしは、イギリス人が日本人より悪いと言っているのではない。……わたしは、一人の主人を別の主人に代えたい❖とは思わない。

❖　第二次世界大戦中、大東亜共栄圏の建設をスローガンに日本軍がインドの北東地方に接近したとき、インド国内の、いわゆる軍国主義的過激グループが、イギリス支配の早期終結の好機として、日本軍に援助を求めようとしたことを指す。

18

わたしが南アフリカで見聞した人種的偏見は、イギリス本来の伝統とはまったく相反するものだと、わたしは考えた。そして、それは一時的で、地方的なものにすぎないと、わたしは信じていた。そこでわたしは、王冠に忠誠を誓うイギリス人たちを相手どって闘ったのである。

19

## 支配するところの少ない政府が最上の政府だ

イギリス帝国はたしかな理想をもっていることに、わたしは気づいた。そしてその理想に、わたしは惚れこんだのだった。そうした理想の一つは、イギリス帝国のすべての臣民は、彼の精力《エネルギー》と名誉を発揮できる最大限の自由な機会をもっており、自分の良心にてらして、なにを考えてもよいということである。たしかにこのことは、他のどの政府にもあてはまるわけではないが、［すくなくとも］イギリス政府については言えるとわたしは思う。たぶんご存知だろうが、わたしはどんな政府にせよ、政府というものは好きになれないと思っている。そして、もっとも治める［支配する］ところの少ない政府が最上の政府だと、わたしはこれまでも一度ならず言ってきた。そしてわたしは、イギリス政府のもとでは、自分がもっとも支配されるところが少なくてすむことがわかった。ここに、わたしのイギリス帝国への忠誠心がある。

20

アメリカ人は、他国民の言うことに耳を貸そうとしない。彼らは他国民をおだてるが、わが道を行く。マンモン[1]の崇拝者たちから、金の子牛像[2]を引き離すのは至難の業《わざ》である。

1 **マンモン**……富の神（『新約聖書』マタイ伝6・24）。

2 **金の子牛像**……イスラエル人が崇拝し、神の怒りを買ったといわれる金の子牛の偶像（『旧約聖書』列王記上12・28〜29）。

21

アメリカ人たちがわたしを訪ねてきて、どのような貢献をすればよいかとたずねるとき、わたしは彼らに言う——もしあなたがたが、わたしたちの目の前に大金をちらつかせるなら、あなたがたはわたしたちを乞食《こつじき》におとしいれ、わたしたちの道徳心を堕落させることになるだろう、と。しかし、ひとつだけ、わたしは物もらいになってもよいと思っていることがある。それは、あなたがたの科学的才能を無心したい、ということだ。あなたがたの国の技術者や農業専門家たちに、わたしたちの願いどおりに彼らの奉仕活動を提供するよう計らっていただきたい。彼らには、わたしたちの君主や主人としてではなく、自発的な奉仕者《ボランティア》としてお出でいただかなければならない。

22

アメリカが平和のために力を尽くすことなく――アメリカにはそれができたであろうに――［第二次世界］大戦に参加したというのは、アメリカにとって間違いであり、世界平和にとっても不幸なことであった。

23

アメリカとイギリスは超大国であるが、彼らの大きさは、アフリカにせよアジアにせよ、物言わぬ人たちのとうせんぼうの前には、塵のごときものに思われる。彼らは、彼らの手の穢れを洗いおとしてしまわないかぎり、人間の自由とか、その他いろいろご立派なきれいごとを並べる資格はない。

24

わたしはまだ正確にはボルシェヴィズム※のなんたるかを知らない。わたしはそれを研究することができないでいる。それが長い目で見て、ロシアのためになるかどうかはわからない。しかしそれが、暴力の肯定と神の否定にもとづいているかぎり、わたしを寄せつけないことだけは歴然として確かである。わたしは彼らの言う成功への近道を――すなわち暴力の道を信じない。わたしに注目してくれているボルシェヴィキの友人たちは、このことに気づいてくれなければならない――どれほどわたしが、その立派な動機に共鳴し、それを賞讃したところで、また、たとえこのうえなく高貴な主義に仕えるためであっても、わたしは暴力的な方法には断固として反対する者であるということを。したがって、暴力を信奉する党派とわたしのあいだには、どんなことがあっても出会いの場はない。けれどもわたしの非暴力の信条は、無政府主義者たちや、暴力を信じるすべての人たちを排除しないばかりか、彼らと交わることを奨励しさえする。といっても、この交わりはつねに、わたしの目に彼らが誤っていると思われるものから、彼らを引き離してあげようとの、一つの目的があってのことである。

なぜなら、永遠の正・善はけっして虚偽や暴力の産物ではありえないことを、わたしは経験によって確信しているからである。たとえわたしの信念が甘い妄想であるにしても、それは魅惑的な妄想であることは認めてもらえよう。

❖ **ボルシェヴィズム**……ロシア語で「多数派」の意。1903年ロシア社会民主労働党のレーニン派が、内部抗争にさいし、人事問題で多数派を占めたことから、レーニン派をボルシェヴィキ派と呼ぶようになった。1917年の10月革命で同派は政権を握り、ロシア共産党と改称した。

## 25

ボルシェヴィズムは、近代物質文明の必然的な結果である。ばかげた物質崇拝が、物質の進歩を目標にかかげるべく教育され、人生の究極的なものとのいっさいの接触を失った思想的な一派を擡頭させたのである。わたしは予言する。もしわたしたちが物質にたいする精神の、あるいは暴力にたいする自由と愛との究極的な優越性の法《のり》に従わなければ、わずか数年にして、かつてはあれほど聖《きよ》らかであったこの国に、ボルシェヴィズムをはびこらせることになるだろう。

## 26

国民会議党❖の党員のすべてが天使とはいえないように、共産主義者たちが全員悪いというわけではない。したがって、わたしはそのような意味では、共産主義者たちにたいしてなんの偏見もいだいてはいない。ただ彼らがわたしに言明したとおりの彼らの哲学［【24, 25】参照］には賛同しかねる。

❖ **インド国民会議党**……インド国民会議派とも表記される。1885年にイギリス政府の宥和政策の一環として、ボンベイ［ムンバイ］にインド全土から弁護士や教師、ジャーナリストなど知識人の代表が召集され、インド初《はつ》の国民的な政治結社が誕生した。当初は、政府の思惑通りの御用政党であったが、20

世紀に入って急激に民族主義色を強め、やがてガンディーの出現とともに、反英独立運動の中心的政党へと変貌した。

27

共産主義が最終的に目ざすものは何か。それは階級のない社会である——そして、階級のない社会は、［たしかに］努力するに値する理想である。ただわたしは、その目的を達成するために暴力《ちから》の助けを借りるというとき、共産主義に訣別を告げる。身分の上下という不平等の思想は悪である。だからといって、わたしには銃剣を突きつけて、人間の心から悪を追放できるとは信じられない。

28

## 人類は互いに往き来できないほど個々に分断されてはいない

わたしは、イギリスが敗北したり、屈辱を受けるのを望んではいない。セントポール大聖堂が被害を受けたと知れば、わたしの心は痛む。それはカーシー[1]のヴィシュヴァナート寺院やジュマー・マスジッド[2]が損害を受けたと聞いたら、それこそ、わたしの心が痛むのと同じだ。わたしは生命を賭しても、カーシーのヴィシュヴァナート寺院やジュマー寺院、またセントポール寺院でさえ守りたいと思うが、それらを守るために、一人の生命をも奪おうとはしないだろう。ここが、イギリス人たちとわたしとの根本的な相違である。それでもなお、わたしはイギリス人たちに同情を寄せる。イギリス人も国民会議党党員も、その他わたしの声が届くところにいる人たちも、わたしの同情がなへんにあるかについて誤解のないようにされたい。それは、わたしがイギリス国民が好きだからだとか、ドイツ人が嫌いだからというような理由ではない。国民としてのドイツ人がイギリス人よりも凶悪だとか、イタリヤ人がそうだとかいうふうには、わたしは考えない。わたしたちはみんな、同じ欠点をもつ同類であり、巨大な人間家族の成員《メンバー》たちである。わたしはそこに、どんな差別も認めたくはない。インド人がなんらかの点ですぐれているとは言えない。わたしたちのだれもが同じ美徳、同じ悪徳の持ち主である。人類は互いに往き来できないほど、個々に分断されてはいない。たとえ一千の部屋に分かれて入っていても、部屋はどれも互いに通じ合っているのだ。したがってわたしは「インドはかけがえのない国である——たとえ全世界が滅びようとも」などとは言わないだろう。これはわたしのメッセージではない。世界の他の国々の福利と共存しつつ、インドはかけがえのない国であるべきだ。インドと呼ばれる地球上の小さな土地《くに》に住む人間家族ばかりでなく、人類家族全体にたいしてわたしが善意をいだいているなら、そのときはじめて、わたしはインドとその自由独立を完全なものとすることができるのだ。インドは他の小さな国々とくらべれば、そこそこに大きくはあるが、広大な世界や宇宙のなかでは、なにほどのものだろうか。

❖1 **カーシー**……ヒンドゥー教の聖地ヴァラーナシー（ベナレス）の別名。

❖2 **ジュマー・マスジッド**……マスジッドはイスラーム教寺院。

## 29
## ユダヤ人をアラブ人におしつけようとするのは誤りである

パレスチナにおけるアラブ＝ユダヤ両民族の対立問題と、ドイツにおけるユダヤ人迫害にかんするわたしの見解を公表するよう求める数通の書簡を受けとった。わたしは躊躇《ためら》いながらも、このひじょうにむずかしい問題について、あえて私見を述べてみたい。

わたしは、ユダヤ人に全面的な同情を寄せている。わたしは南アフリカで、ユダヤ人をしたしく知ることができた。そして、その何人かは生涯の友となった。これらの友人をとおして、わたしは、彼らが長年にわたって迫害を受けてきたことをいろいろ知るようになった。彼らは、いわばキリスト教の不可触民❖1であった。キリスト教徒の彼らにたいする仕打ちと、ヒンドゥー教徒の不可触民にたいする仕打ちは、ひじょうに似通っている。いずれの場合も、それぞれに向けた非人間的な扱いを正当化するために、宗教的是認に訴えている。それゆえに、個人的な友情の問題はさておき、わたしのユダヤ人にたいする同情には、もっと一般的、普遍的な理由がある。

しかしながら、わたしの惻隠《そくいん》の情は、正当性の求めるところにたいして盲目ではない。ユダヤ人のナショナル・ホームを求める叫び[2]は、それほどわたしの心に訴えかけてはこない。それを是認するのは、聖書と、ユダヤ人がパレスチナに帰った後も執拗に熱望してきた不屈の精神とである。どうして彼らは、世界の他の民族たちのように、自分たちが生まれ、生計をたてている国を故国としないのだろうか。

パレスチナは、イギリスがイギリス人に、フランスがフランス人に属するのと同じ意味でアラブ人に属する。ユダヤ人をアラブ人におしつけようとするのは、誤りであり、非人道的である。今日パレスチナで起こっていることは、行為のいかなる道徳的規範によっても正当化することはできない。委任統治権は前大戦［第一次世界大戦］で承認されたにすぎない[3]。たしかに、パレスチナを部分的あるいは全面的にナショナル・ホームとしてユダヤ人にもどすことができるよう、誇り高いアラブ人に従わせるのは、人道にもとる罪悪といえよう。

もっと高貴な方法は、彼らがどこで生まれ育てられようと、そこで彼らを正しく取り扱うよう主張することである。フランスで生まれたユダヤ人は、フランスで生まれたキリスト教徒たちがフランス人であるのと同じ意味で、フランス人である。もしユダヤ人の故国がパレスチナ以外にないというなら、彼らは、自分たちが定住している世界の土地を去らざるをえなくなるというふうに考えているのだろうか。それとも彼らは、自由意志でとどまることのできる二重の故国を望んでいるのだろうか。ナショナル・ホームを求めるこの叫びは、ドイツのユダヤ人追放をもっともらしく正当化している。

けれども、ドイツのユダヤ人迫害は、歴史上に比類がないように思われる。古代の暴君といえども、ヒトラーの逆上ほど狂気じみてはいなかった。しかも彼は、宗教的情熱をもってそれを演じているのである。なぜなら、彼は排他的・軍事的国家主義という新しい宗教を提唱しており、その宗教の名のもとでは、いかなる残虐行為も、現世と来世で酬われる慈善行為となるからである。一人の、明らかに狂気ではあるが勇猛な若者の犯罪は、信じがたい冷酷さをもってその民族全体にはねかえってくる。もしかりに人類の名における、また人類のための正当な戦争というものがあるならば、一民族全体が受けている無謀な迫害を防ぐためにドイツにたいして挑戦することは、完全に正当化されるだろう。けれども、わたしはどんな戦争も正当なものだとは思わない。それゆえに、戦争の賛否を議論するのは、わたしの領分外のことである。

❖1　一般にはインド固有の「カースト制度」として知られる社会階級制度は、4種のカーストから成るとされているが、これらカースト・ヒンドゥーの下（あるいは枠外に）、「パンチャマ（第5のカースト）」または「アチュート（触れてはならない者）＝英語で『アンタッチャブル［不可触民］』」と呼ばれる最下層の社会集団がおかれ、久しく、上位カーストから言語に絶する差別待遇や迫害を受けてきた。ガンディーは、彼らこそ「ハリジャン（神の子）」であるとして、「不可触民制」の撤廃に腐心した。

❖2　1世紀以来、世界各地に散在してきたユダヤ人たちのあいだに、19世紀ごろから彼らの故地パレスチナにナショナル・ホーム［民族国家］を建設しようとする「シオニズム（『シオン』は『丘』の意で、イェルサレムの雅名）」と称する運動が勃興した。

❖3　第一次世界大戦後、敗戦国ドイツとトルコの領土を、国際連盟から統治を委任されるという名目で、領土の再分割がおこなわれ、旧トルコ領パレスチナは、イギリスの委任統治下におかれた。

解説

# 「わが夢のインドと世界」

## ——愛国心と世界精神——

祖国インドをイギリスの植民地支配の桎梏から解放したガンディーが、20世紀インドの生粋の民族主義者であり、熱烈な愛国者であったことは言うまでもない。しかし、ガンディーは、けっして国粋主義的な民族主義者や狂信的な愛国主義者ではなかった。彼の祖国への愛と献身は、民族や国境をはるかに超えて、地球と人類を大きく包摂していた。「わたしの宗教は地理的限界を持たない」【1】と、ガンディーは言明した。ここに言う宗教とは、人が日常的に信奉し帰属する、いわゆる既成宗教や教団ではなく、その人のすべての生のいとなみを突き動かす動因、すなわち生命原理のことである。それは、ガンディーにあっては「非暴力の宗教」【1】「魂の力」【2】を意味した。そして、この非暴力への愛は、「インドそのものへのわたしの愛をも凌駕する」ものであった。非暴力への愛は、愛国者ガンディーの祖国への愛にすら優先したということである。

ガンディーが「そのためには死ぬことも辞さない」【4】覚悟で求めたインドの独立は、祖国が外国の支配下におかれている政治的・経済的な屈辱を怒り、祖国を諸外国並みの地位にひきあげ、さらに弱小国を現在の自国の立場におこうとする野心からではなかった。この点ガンディーは、なにがなんでも母国の独立をと叫ぶ愛国主義者とは違っていた。「わたしたちは母国の自由独立を願っているが、他国を犠牲にしたり搾取したり、あるいは他国を堕落させてまで、それを望むものではない」と言い、「インドの独立がイギリスの消滅やイギリスの人の滅亡を意味するのであれば、わたしは独立を望まない」とも言った。それではなぜ生命を賭してまで闘うのか――「他国が自由なわが国からなにかを学び、わが国の資源が人類の利益のために利用されるように、わたしはインドの自由を念願する」【5】からである。

ガンディーが生き、闘った時代のインドは、国民にもっとも多く愛国心が要求された民族主義の全盛期であった。しかしガンディーは、運動の最高指導者として、狭い国家主義を煽動したり、熱狂的な愛国心を使嗾《しそう》して、国民運動の高揚をはかろうとはしなかった。彼は同時代の熱烈なナショナリストたちが謳い文句のように説いた「個人は家族のために、家族は村のために、村は地区［県］のために、地区は州のために、そして州は国家のために死ななければならない」【5】という愛国主義精神のスローガンを、さらに一歩［この一歩は質的に異なる飛躍の一歩である］、崇高な世界精神のスローガンへと高めて言った。――「それとまったく同じように国家は、必要とあれば、世界の利益のために死ぬことができるよう、自由でなければならない。」一国の政治家の口からはほとんど予想だにしていなかったこれらの言葉は、さらにつぎのように続く――「したがって、わたしの国家主義にたいする愛、言いかえると、わたしの国家主義観は、人類が生き永らえるためには、必要とあれば、国全体が滅びることができるよう、インドが自由になれますように、というものである。」【5】

ここにおいて、ガンディーの「愛国心は、人類愛と軌を一《いつ》にする。」ガンディーが愛国者なのは、「わたしは人間的で人道的なるがゆえ」であり、したがって「わたしの愛国心は排他的ではない――わたしは祖国インドに仕えるために、イギリスをもドイツをも傷つけたくはない」【7】と、彼は言った。

「わたしはインドの自由独立のために生き、そしてそのために死ぬことも辞さない」と公言したガンディーが、人後に落ちぬ愛国者であったことは論をまたない。しかし彼の愛国心を同時代のだれよりもすぐれて特筆すべきものであったと考えるのは誤りである。なぜなら彼自身が言うように、「この国に生まれ、そして母国の文化を継承しているのだから、わたしが母国に奉仕するのはきわめて当然のこと」【4】だからである。この世界のどこかの国に生を享《う》け、その国の自然環境と伝統文化の乳で育てられただれもが、人として母国を愛するのは、むしろ自然な人間感情であろう。ガンディーもまた、この自然な人間感情から、故郷《ふるさと》ポールバンダルを、そして祖国インドを愛してやまなかったのである。

インドの地図を開くと、西北の果てにアラビア海に向かって象の耳のような形をしたカーティヤーワールという名の小さな半島が突き出ている。この半島の海岸線のほぼ真ん中あたりに、独立までは地方の小藩王国であったポールバンダルがあった。当時は、白亜の町全体が藍色のアラビア海に浮かぶように美しかったと聞く。この地方は、インドと中央アジアを結ぶ通路にあたり、古来、ペルシャ人、ギリシャ人、スキタイ人、トルコ人、アラビア人と、幾多の民族が、ときには侵略者として、またときには商人や逃亡者としてやってきては「多様な人種の坩堝《るつぼ》」を形成していた。

ガンディー家は、カーストでは第三階層ヴァイシャのサブカーストにあたるモード・バニヤー［食料品を扱う商人階級］に属していたが、祖父も父もたいへん才覚のある豪気な人物で、藩主国の宰相をつとめていた。また、三方を海に囲まれた半島の住民は、海洋民族特有の冒険心と進取の気性に富み、早くからアラビア海を越えて、東アフリカやアラビア半島沿岸の港々へ交易に出かけていた。こうした家庭と地方の環境が、一般には保守的といわれたカーティヤーワールに生まれ育ったガンディーを、人種や他文化にたいして開放的にしたものと思われる。

故郷や故国を愛するだれもが、土地の歴史や文化、民族性など、他と異なる特性や美点を誇りにするものである。ガンディーのお国自慢は、いかにもこの人らしく一風変わっていた。インドがもし、他国・多民族にまさる美徳を有しているとすれば、「インドこそは世界の宗教的主導権をもつにふさわしい国である」【2】と、ガンディーは考えていた。このことはけっして、インドが理想的な世界の宗教の融和統一を実現した国、ということではない。ただ古代より、地球上のどの国よりも、多民族・多宗教・多文化の共存のために幾多の苦難を超克すべき運命にあった国、という意味である。ガンディーの生涯は、インドの政治的独立の獲得よりも、この使命に献《ささ》げられたと言っても過言ではない。

真《まこと》の愛国者ならば、自分が母国を愛しているのと同じように、他国のだれもが、それぞれに彼らの祖国を愛しているのを知っているはずであり、おのずからに、他国民の愛国心に理解を示し、敬意を払うはずである。「……それゆえわたしは、他国民の苦痛や搾取の上にあぐらをかくことを要求するような愛国心は、断固拒絶しなければならない」【8】と、ガンディーは言った。

「そればかりか、わたしの宗教と、わたしの宗教に因《よ》って来たる愛国心は、生命《いのち》あるすべてのものを包摂する。わたしは、人間《ひと》と呼ばれる生き物との同胞愛や一体感を実現したいと願うだけではなく、生きとし生けるすべてのものとの一体感を実現したいと願っている」【8】と言うとき、ガンディーの愛国心は、国家から世界へ、さらには生きとし生けるすべての生命にまでひろがる。

ところで、自国を心底から満足に愛することのできない名目だけのコスモポリタン［世界主義者］が、いくら口先だけで世界主義や人類愛を説いても、それは絵空《えそら》ごとにすぎない――「人は国家主義者にあらずして、国際主義者たることは不可能である。国際主義は、国家主義が一つの現実的事実になったときに、はじめて可能になる」と、ガンディーは言うが、その返す刃で、現実に見る国家主義の病根と弊害を一刀両断に切る――「間違っているのは、国家主義ではない。間違いは、近代国家の禍《わざわい》のもとである狭量、自己主義、排他主義である。それぞれの国は、他国を犠牲にして利益を追求したり、他国の破滅のうえに隆盛を望んでいる」【10】。惜しむらくは、今日の世界では、国家主義は排他的な利己主義と結託し、国際主義は気分的な非現実論に押し流される傾向がある。

ガンディーは、ナショナリズムはインターナショナリズムとは相対立・矛盾するものではなく、世界は一つであることを固く信じていた。そして、「わたしは、世界が一つであるはずがないというのであれば，この世界に生きたいとは思わない」【12】とまで言い切った。彼の世界主義・国際主義精神は、宙に浮いた理想論の空中楼閣ではなかった。ガンディーにおいては、愛国心と世界精神のいずれが先で、いずれが次かを論じるのは愚であろう。彼は、例のたくまぬユーモアをもって言った――「わたしは自分の家の周りに壁をめぐらし、窓を塞いでいたいとは思わない。わたしは、すべての国々の文化の涼風《かぜ》ができるだけ自由にわたしの家に吹きこんでくることを望んでいる。けれども、なにものによっても、わたしの足を吹きとばされるのはご免こうむりたい」【11】と。

【13】～【28】は、イギリス人、アメリカ人の国民性や、当時世界に多大の影響力をもったボルシェヴィズム［共産主義］についての、ガンディーの感想や寸評で、それぞれに的を射て興味深い。

【29】は、今日なお――そしてこれからも半永久的に、と思われる――世界の火薬庫であるパレスチナ問題についての、人類の運命を見すえた「時代の予言者」としてのガンディーの、世界と人類への貴重な直言である。

パレスチナ問題は、キリスト教世界の、ひいては人類の歴史の最大の汚点の一つであり、いかなる超大国の有能な指導者をもってしても、上からの高圧的な政治力や外交手腕だけで決着のつく問題でないことは、いまや世界のだれもが痛感している事実である。ここで思い出されるのは、問題が生起した初期の段階で、早くも今日の世界の悲劇を予感し、憂慮したガンディーの洞察力である。

1938年、ナチ・ドイツのユダヤ人迫害によってヨーロッパ各地からユダヤ人のパレスチナ移住が急増し、先住アラブ人との対立・紛争が激化しはじめたとき、ガンディーは「パレスチナは、イギリスがイギリス人に、フランスがフランス人に属するのと同じ意味で、アラブ人に属する。ユダヤ人をアラブ人に押しつけようとするのは誤りであり、非人道的である。今日パレスチナで起こっていることは、行為のいかなる道徳的規範によっても正当化されることはない。イギリス人の委任統治権は前大戦で是認されたものにすぎない。パレスチナを部分的または全面的にナショナル・ホームとしてユダヤ人に与えるよう、誇り高いアラブ人を従わせるのは人道にもとる罪悪といえよう」と言った。他民族の土地を、政治的統治権をもって、自国の利害や都合次第で、意のままにせんとする英帝国主義の思いあがりを戒めた。

言うまでもなくガンディーは、ユダヤ人が二千年の長きにわたって受けてきた想像を絶する迫害や虐待に無関心ではなかった。彼自身、南アフリカ時代に、「白人キリスト教徒は神の選民であり、インド人は白人に仕えるべく創《つく》られた劣等民族である」と豪語する南ア政府を相手どって闘った血みどろの非暴力闘争をとおして、人種差別やゲットーの屈辱をいやというほど体験していた。それゆえ、彼のユダヤ人の苦痛への理解には実感がこもっていた。

ガンディーはまた、ユダヤ人のナショナル・ホーム建設の夢に拍車をかけたのは、とりもなおさず、ユダヤ人を「キリスト教社会の不可触民」扱いしてきたヨーロッパ社会そのものであり、とりわけ「歴史上比類を見ない……古代の暴君といえども、ヒトラーの逆上ほど狂気じみてはいなかった」ナチ・ドイツのユダヤ人迫害であることもよくよく承知していた。

このようにガンディーは、心情的には「ユダヤ人にたいして全面的な同情」を寄せながらも、彼らが「英国の大砲の庇護のもとに」長年アラブ人が住んできた土地の権利を主張し、彼らを追放して割りこむことには反対した。彼はユダヤ人がそれぞれの国にふみとどまることを願って言った――「もっと高貴な方法は、彼らがどこで生まれ育とうと、そこで正しく扱われるよう主張することであろう。フランスで生まれたユダヤ人は、フランスで生まれたキリスト教徒たちがフランス人であるのと同じ意味で、フランス人である」と。

ガンディーはけっして、地上でユダヤ人だけが国家をもたない放浪の民であってよいと言ったのではなかった。彼が理想とした未来世界は、人種や宗教や国境を超えた一つの人類国家であり、ユダヤ人は彼らの不幸な歴史の偶然を逆手にとって、他のすべての民族に先がけて、世界市民になる特権を有していると、ガンディーは考えたのである。それゆえに、ユダヤ人までが民族国家に執着するのは、人類の損失であり、彼の理想に逆行することであった。

さらに、ユダヤ人のある一部はパレスチナにナショナル・ホームを設立し、他の者はこれまでどおり世界各地に散在しつづけるというのは、民族として「二重の故国」をもつことであり、問題をいっそう複雑にしまいかと、ガンディーは危惧した。そこで彼は、あえてユダヤ人に向かって苦言を呈した――「わたしの同情が、見るにしのびぬ気の毒な状態におかれているユダヤ人たちにゆくのは自然である。けれども、逆境から彼ら［ユダヤ人］が平和を学んだものと、だれもが考えていた。それなのに、なぜ彼らは歓迎されぬ土地に割りこむのに、アメリカの経済力とイギリスの武器によるのだろう。……もし彼らが、彼らのすぐれた予言者たちが教えた非暴力という無上の武器をとるならば、彼らの問題は世界の世論を動かすだろう」と。

# 第6章
# 「戦争」の論理

1
## 歴史は果てしなくつづく戦争の記録である

歴史は果てしなくつづく戦争の記録である。しかしいま、わたしたちは新しい歴史を創《つく》り出そうと試みている。わたしがこのように言うのは、こと非暴力にかんするかぎり、わたしが国民の心を代表していると考えるからである。わたしは剣の教義を論破し、その可能性を否定した。そして人間の運命は、密林《ジャングル》の掟を、目覚めた愛の掟に代えることだとの結論に到達したのである。

2
## テロリストを支持することはしない

歴史のページは、自由のために戦った人びとの血で赤く染まっている。国民が信じがたいほどの辛酸をなめずに独立を勝ち得た国の例をわたしは知らない。暗殺者の刃、毒杯、射撃手の銃弾、剣、その他ありとあらゆる武器と破壊の手段が、今日まで用いられてきた──自由と解放の盲目的な熱愛者、とわたしが考えている人たちの手で。しかし、わたしはテロリストを支持することはしない。

3
## 暴力が世界の支配原理であった

野蛮な暴力《ちから》が、何千年にもわたって世界の支配原理であった。そしてそのために、だれもがよく知っているように、人類はつねに惨憺たる結果を招いてきたのである。来たるべき将来も、暴力からなにか好ましい果実が生まれるという希望《のぞみ》はない。光が闇から発光するというのなら、憎悪から愛が生じることがあるかもしれないが。

4

戦争の論理は人を完全なる独裁主義へと導く。［これにたいして］非暴力の論理だけが人を民主主義へと導く。

5

正気を失った破壊行為が、全体主義の名のもとにおこなわれようと、自由と民主主義の美名のもとにおこなわれようと、死者や孤児、家を失くした者たちにとっては、なんの違いがあろうか。

6

## 民主主義と全体主義との二者択一

この戦争にたいするわたしの個人的な反応は、かつて経験しなかったほどの大きな嫌悪感の一つである。……しかも、いくらか奇異に聞こえるかもしれないが、わたしの支持は完全に連合国側にある。［なぜなら］好むと好まざるとにかかわらず、この戦争は、西洋がこれまで発展させてきた民主主義と、ヒトラー総統に代表される全体主義［との二者択一］に分かたれているからである。

7

戦争ともなると、詩人は竪琴をおろし、法律家は法文を、小学生は教科書を手離す。

8

非暴力の「戦争」の結末は、つねに合意であり、一方的な勝者の側の命令ではなく、いわんや敗者の側の屈辱ではない。

9
## 平和の光は東洋からヨーロッパに向かって昇らなければならない

いままさにヨーロッパに荒れ狂う恐るべき暴力は、たぶん、「平和の子」ナザレのイエス［キリスト］のメッセージが、ヨーロッパではほとんど理解されてこなかったことを示している。平和の光は、東洋からヨーロッパに向かって昇らなければならないのかもしれない。

10

戦争は悪である。文字どおりの大悪である。……戦争はなくさなければならない。……流血や欺瞞によって獲得された自由は、自由ではない。

11
## 軍備拡大競争は大虐殺の惨事を招く

このまま気狂いじみた軍備拡大競争が続くなら、結果は、歴史上かつて見なかったような大虐殺の惨事を招くのは必定である。もし勝者が生き残るとすれば、勝利そのものが、勝ち誇った国民にとって、生きながらの死となるだろう。

12
## 搾取することをやめなければ軍縮は実現しない

搾取の下心がなくなると、即座に軍備は、かえって耐えがたい事実上の重荷に感じられるだろう。世界の諸国民が互いに搾取することをやめなければ、ほんとうの軍縮は実現しないだろう。

13
## 軍人は戦争を生活の糧《かて》にしている

軍人は、攻撃のためであろうと防衛のためであろうと、ともかく戦争を生活の糧にしているのだ。もし軍人が、彼の戦闘能力が望まれるものでないとわかったら、挫折の憂き目を見ることになる。

14

わたしは戦争に反対するが、かといって、戦争に参加したがっている人たちを［力ずくで］妨害するまでには至らない。わたしは理を尽くして彼らを説得し、彼らの前によりよい方法《みち》を提示し、しかるのちに、彼らに選択をまかせるのである。

15
## 相互殺戮に訴えるのは人間の尊厳にもとる

インド国民のみならず、全世界——参戦国と否とにかかわらず——の人びとの苦難を、わたしと共に分かち合ってくれるよう、わたしの批判者たちに申し上げたい。わたしは、今日世界でおこなわれている大量虐殺を無関心に傍観することはできない。相互殺戮に訴えるのは人間の尊厳にもとるものである、との変わらぬ信念をわたしはいだいている。そしてわたしは、［苦難を分かち合うことで］出口が見えてくることを信じて疑わない。

16
## 看護者も戦争の犯罪から免れることはできない

アヒンサーの見地からして、わたしは戦闘員と非戦闘員のあいだになんら区別を認めない。盗賊団《ダコイト》の一味に加わることを申し出た者が運搬役として働こうと、盗賊たちが仕事をしているあいだの見張役をひきうけようと、仲間の怪我人の世話役にまわろうと、盗賊たち自身と同じ盗みの罪を犯していることに変わりはない。同様に、戦場で傷病兵士の看護に当たるだけだという者たちも、戦争の犯罪から免れることはできない。

## 17
## 科学的な正確さをもって運用されるむき出しの軍事力

ヒトラーが最終的にどうなるかはいざ知らず、ヒトラー主義とは何であるか、その意味するところは、いまやだれもが知っている。それはただの科学になりさがり、科学的な正確さをもって運用される、むき出しの冷酷な軍事力を意味する。その結果、それはほとんど抵抗しがたいものになっている。……

ヒトラー主義は、［力で対抗する］反ヒトラー主義をもっては打ち負かされることはないだろう。反ヒトラー主義はただ、超ヒトラー主義を何倍にも昂じさせるだけである。わたしたちの目の前で演じられていることは、ヒトラー主義の無益さと同様、暴力の無益さをも物語っている。……

ヒトラーは彼の勝利をもって何をするつもりだろうか？　彼はそんなにも多くの権力を消化できるのだろうか？　個人的にはヒトラーは、彼のそれほど遠くない祖先であるアレクサンダー［アレクサンドロス］大王のように、手ぶらで帰ること❖になるだろう。またドイツ国民にたいしては、強大な帝国を所有する喜びではなく、圧倒的な重荷を支えてゆく負担だけを遺すことになるだろう。なぜなら彼らは、すべての被征服国民を永久に隷属させることはできないだろうから。また、後代のドイツ人たちが、ヒトラー主義に責任があると思われるさまざまな行為に、心から誇りをいだくだろうか、わたしには疑問である。彼らはヒトラー総統を天才として、勇者として、比類なき組織者として、またそれ以上の者として尊敬することだろう。しかし後代のドイツ人たちが、彼らの英雄たちについても正しく識別する術《すべ》を学ぶよう、わたしは願ってやまない。いずれにせよ、ヒトラーによって流されたすべての血をもってしても、世界の道徳的身長は百万分の一インチも高められていないことが確認されるだろうと、わたしは信じる。

これに反して、今日、もしチェコ人、ポーランド人、ノルウェー人、フランス人、イギリス人らがこぞってヒトラーに向かい、「貴殿は破壊のために、わざわざ科学兵器など準備する必要はありません。われわれは非暴力をもって貴殿の暴力に立ち向かうつもりです。ですから貴殿は、戦車も、戦艦も、戦闘機ももたずに、われわれの非暴力軍を破滅することができるでしょう」と言っていたなら、今日ヨーロッパはどのような状況になっていたか、想像されたい。相違はただ、ヒトラーが流血の戦闘の末に得たものを、戦わずして手に入れただけだと、反論されるかもしれない。まさに、そのとおりである。しかしそのとき、ヨーロッパの歴史は違ったふうに書かれていたことだろう。[たしかに] 非暴力の抵抗のもとでも、あの筆舌しがたい残虐な犯罪的行為のあと、現在おこなわれているのと同じ占領がなされていたかもしれない——しかしそれは、あくまでも《かもしれない》という仮定でしかない。非暴力の抵抗のもとでは、必要があれば、いつでも一命をささげるべく訓練された——しかも自らは、なんぴとをも殺さず、またなんぴとにたいしても悪意をいだくことのない——者たちだけが殺されていたことだろう。そのばあい、ヨーロッパは自己の道徳的身長を数インチ伸ばしていただろうと、わたしはあえて言いたい。結局のところ、重要なのは道徳的価値だと、わたしは考えている。他のものはすべてどうでもよいことである。

❖ マケドニア王アレクサンダー（アレクサンドロス、在位 前336～23）は、前334年にギリシャ連合軍を率いて有名な「東方遠征」にのぼり、ペルシャを滅ぼし、中央アジアからインド西境に至る広大な地域を征服したが、やがて長期にわたる遠征による部下の将兵の疲労と士気の低下のため、前324年に王都スサに帰還、翌年急死した。大王の死後、彼の建設した大帝国は時を経ずして分裂し、小国が乱立した。大遠征は、ギリシャとオリエントの東西文化を融合させ、ヘレニズム文化を歴史の遺産として遺したが、王自身は遠征につぐ遠征に生涯を明け暮れただけで、ガンディーの言うように「手ぶらで帰ること」になったといえるかもしれない。

## 18
## ヒトラーは剣の道を選んだ

ヒトラー総統は［結局は］ドイツの国境拡大のために戦っているのだ――彼は、彼の主張を公正な国際法廷で審議にかけてもらってよいと言ったそうであるが。［いずれにせよ］彼は高慢にも、平和と説得の道を拒否して、剣の道を選んだのである。したがって、わたしは連合国側の大義名分を支持する。しかしながら、わたしの支持は、たとえ公認された権利を防衛するためであっても、どんな形や種類にせよ、剣の教義を是認するものと解釈されてはならない。

## 19

わたしの祈りは、イギリスとフランスが戦争に勝利することであるが、それはかりではなく、ドイツが壊滅させられることがないように、ということである。

## 20
## サムライの末裔であれば

日本の資本家がサムライの末裔であれば、実際になにひとつ失うものはなく、すべてを得るだろうと、わたしは信じている。

## 21
## 刃向かわずに協力を拒否する

日本軍がわれわれの戸口にまで迫って来ている。非暴力の手段をもって、われわれは何をなすべきだろうか。われわれが［外国の支配を受けない］自由な国民であるならば、日本軍を国内に侵入させないように、非暴力的に事態を収拾できるだろう。ところが実際には、日本軍が上陸を果たした瞬間に、非暴力の抵抗を始めることになるだろう。非暴力の抵抗者は、彼らにどんな援助も、水さえも与えることを拒否するだろう。なぜなら、他人が自分の国を盗むのを手伝う義理はいっさいないのだから。けれども、もし一人の日本兵が道に迷い、渇《かわ》きのために死にそうになって、一人の人間として助けを求めるならば、いかなる者をも敵とみなすことのない非暴力の抵抗者は、渇ける者に水を与えるだろう。いっぽう、もし日本軍が水を与えよと強要するならば、抵抗者たちはあくまでも抵抗して死ぬに違いない。彼らが抵抗者を皆殺しにすることも考えられる。けれども、このような非暴力の抵抗の根底には、侵略者もやがては精神的に、あるいは肉体的にも、非暴力の抵抗者を殺害するのに飽きるだろうとの信念が潜んでいるのだ。侵略者は、刃向かわずに協力を拒否する、この新しい力とは［彼にとって］何かを考えはじめるだろう。そしておそらく、それ以上の殺戮は断念するだろう。けれども抵抗者たちは、日本人がまったく無慈悲で、どれだけの人間を殺しても平気でいるのを見ることになるかもしれない。それでもなお非暴力の抵抗者は、屈従よりも全滅を選ぶだろうから、かならずや最後の勝利をかち得るだろう。

22

わたしは、日本の卑劣な野望の遂行のために、日本軍の悪行を弁護したがっているなどと、なんぴとにも早合点させてはならない。

23

## 白人優越主義という病根

イギリス、アメリカの両国は、アフリカやアジアの国々から彼らの影響力と支配力を撤収し、人種差別を排除せんとの固い決意を表明することによって、彼ら自身の国内の秩序をととのえるのでなければ、両国ともに今時大戦［第二次世界大戦］に参戦する道徳的根拠をもたないことになる。両国ともに、白人優越主義という病根を完全に撲滅するまでは、民主主義と文明、人間の自由の擁護を口にする資格はない。

## 24
## かならずや原子爆弾は人類を自滅へと追いやる

広島が原子爆弾で壊滅したと最初に聞いたときにも、わたしは微動だにしなかった。それどころかわたしは、このようにつぶやいたのだった——「いまこそ世界が非暴力を受け容れなければ、かならずや原子爆弾は人類を自滅へと追いやることになるだろう」と。

## 25
## 戦争には力の法則以外の法則は存在しない

原子爆弾のお蔭で、他のいかなるものをもってしても実現できなかったアヒンサーがもたらされることになるだろうと、アメリカの友人たちから言いだされている。彼らの言わんとするところが、世界が原子爆弾の破壊力にほとほとあいそをつかしたために、ここ当分の間は暴力から遠ざかることになるだろうという意味ならば、たしかにそのとおりであろう。けれどもそれは、山海の珍味を吐き気がするほど食べた人がしばらくはご馳走には見向きもしないが、［やがて］むかつきがおさまると、旧に倍する食欲をもってがつがつ食べはじめるのとひじょうによく似ている。まったく同じように、世界は嫌気が解消すれば、新たな熱意をもって暴力に立ちもどるだろう。

しばしば、悪から善が生まれることもある。けれどもそれは、神慮のなせる業《わざ》であって、人間の企てることではない。人が知っているのは、善は善から生まれるように、悪からは悪のみが生まれるということである。

原子力はアメリカの科学者と軍部によって破壊の目的のために利用されたが、他の国の科学者たちがそれを人道的な目的のために開発するということも、たしかにありうることである。けれども、アメリカの友人たちが言わんとしたのは、そのことではない。彼らは明々白々の真理がはね返ってくるような問題を投げかけるほど単純ではなかった。放火魔は破壊や非道な目的のために火を用いるが、主婦は男たちに滋養のある食事を作るのに、毎日火を使用する。

わたしが見るかぎりでは、原子爆弾のために、久しく人類を支えてきた高貴な感情が滅ぼされてしまった。これまでは、いわゆる戦争の法則というものが存在していて、なんとか戦争を耐えられるものにしてきた。けれども、いまやわたしたちの前には、戦争の真相がむきだしにされたのである。戦争には力の法則以外の法則は存在しないのだ。原子爆弾は、連合国の武器に虚《むな》しい勝利をもたらしたが、結果は、一時的に日本の魂《こころ》を破壊しただけである。爆弾によって壊滅した国民の魂にどのようなことが起こるか、見きわめるにはまだ時間がかかる。……

日本が下劣な野心を遂行しようとして犯した犯罪をわたしが擁護しようとしている、などと早合点しないでいただきたい。違いはただ程度の差であり、日本のほうがいっそう強欲であったとわたしは考えている。しかし、それだからといって、日本の特定地域の男女や子供たちを情け容赦なく殺してしまうという、まさるともおとらぬ下劣な行為をやってよい権利はだれにも与えられてはいなかったのだ。

原子爆弾がもたらした最大の悲劇から正しく引き出された教訓は、あたかも暴力が対抗する暴力によって一掃されないように、原子爆弾も原子爆弾の対抗をもっては滅ぼすことはできないということである。人類は、非暴力によってのみ暴力から脱却しなければならない。憎悪は愛によってのみ克服される。憎悪にたいするに憎悪をもってすることは、ただ憎しみを深め、その範囲をひろげるだけである。……

## 26

やがて愛の法則が国際問題でも評価される秋《とき》が来るだろう。［それでもなお］政府という各国の非情な政治機構があいだに立ちはだかり、一つの国民の心を他国民の心から覆い隠すだろう。

27

わたしたちは、繰り返すいくつかの戦争のたびに獲得したその場かぎりの、華々しい結果に騙されつづけてきたのである。

28

永久平和の可能性を信じないのは、人間のうちなる神性を信じないことである。

解説

# 「戦争と平和」

ガンディーの名は今日、世界的に平和と反戦の戦士として、またそのシンボルとして知られている。たしかに、彼の平和と反戦に形容詞をつけるとすれば、「絶対」以外に思いつかない。彼は絶対平和主義者であり、絶対反戦論者であった。彼の平和思想は、いささかの妥協も譲歩も許さなかったし、彼の反戦論は、一本の矢道のように真直ぐで、鋭利であった。しかし、ガンディーの人生そのものが『自叙伝』に付された副題のとおりの果てしない「真理実験の物語」であったように、彼の絶対平和主義も絶対反戦論も、苦《にが》く厳しい実体験の末にようやく到達した真理の高みであった。

ガンディーは生涯に、南アフリカ時代に二度と、インド帰国後に第一次、第二次世界大戦の計四度の戦争に遭遇したが、そのうち南アフリカでの二度の戦争では、実際に自ら野戦衛生隊を組織して、すすんで戦争に参加・協力した。

1899年に南アフリカのオランダ人系自治国［オレンジ自由国とトランスヴァール共和国］に金鉱が発見されると、これに目をつけたイギリスのケープ植民地首相セシル・ローズは侵略を開始した。史上「金の戦争」「帝国主義の侵略戦争の典型」などと呼ばれるボーア戦争である。ガンディーは早速、あらゆる階層、職業のインド人から成る1100名の衛生隊を結成して、前線から野営病院まで負傷兵を担架で運んだり、看護にあたるといった奉仕活動に従事した。それは、インド人居留民が英国人と同じ市民権を要求する以上は、帝国臣民としての義務を果たさなければならないという彼一流の道義心からであったが、ガンディー研究の第一人者B・R・ナンダの言うように、当時は「非暴力と平和主義についてのガンディー自身の考えが、まだじゅうぶん熟していなかった」ためであろう。衛生兵たちの献身と勇気は、イギリス人政府からも高く評価され、戦後ガンディーをはじめインド人指導者たちに従軍勲章が贈られたが、期待した市民権の向上は完全に無視された。

ついで1906年に、長年にわたる白人政府の横暴と圧政に怒った原住民が酋長の指導のもとに租税の不払い運動に決起した。世に言う「ズールー族の反乱」である。白人政府は、話し合いでけりのつく現地人の租税不払い運動を、ことさらに「反乱」と呼ぶことで、彼らの非人道的な「人間狩り」を正当化したのである。このときもガンディーは、心情的にはズールー族に同情を寄せながらも、英帝国への忠誠心から前回のボーア戦争のときと同様、ふたたびインド人野戦衛生隊を組織して戦場に赴いた。兵士たちは、ときには1日40マイルも険しい野山を担架をかついで駈けまわりながら、敵味方の区別なく怪我人を治療した。その多くは、鞭打ちで肉をひきさかれ、膿《うみ》にただれた無辜《むこ》のズールー人の傷口の手当て――白人看護婦たちは土着民の体に触れたがらなかった――であったことは、せめてもの良心のうずきの慰めであった。ガンディーは書いている――「わたしは、この身の毛のよだつ凄惨な体験の苦き杯を飲み干して耐え忍んだ――とりわけ、わたしの隊の任務が負傷したズールー人たちの看護だけだったからである」と。しかしこの言葉は、晩年のガンディーの絶対非戦論からすれば、良心の呵責の一時的な弁明にすぎなかったことは、後述するとおりである［【16】参照］。

いずれにしても、ガンディーが南アフリカ時代に、自ら志願して二度までも戦場に赴いたというのは、まぎれもない事実である。彼は『ヤング・インディア』紙（1921年11月17日号）に、南アフリカにおけるこれら二度の従軍と、第一次世界大戦初期の二度の政府への戦争協力の申し出を、「わたしの四度の過ち」と呼び、自らの行動の過ちを認めている。こうして過ちを犯しながら、真理に向かって一段一段と着実に登攀してゆくのが「わたしの真理実験」であり、なにごとも身をもって体験し、納得し、自らのつぎなる思想と行動のステップにするのが、ガンディーの方法であった。したがって、ガンディーの絶対反戦思想も、絶対平和論も、ただたんに頭脳《あたま》に思い描いた理想や、論理的思考の結果ではなく、たとえ自らは銃剣を手に人を殺傷しなかったにせよ、前線に身をおいたという戦争の原体験から産《う》みだされたものであった。

たしかにガンディーの言うように、人間の「歴史は果てしなくつづく戦争の記録」【1】であり、「野蛮な暴力《ちから》が何千年にもわたって世界の支配原理」【3】でありつづけてきた。そのために、支配者たちはより強力な暴力を求め、科学はより効果的な殺人兵器を造りつづけてきた。こうして、暴力をもって、たとえ戦争に勝利したとしても、「戦争の論理は人を完全な独裁主義へと導く」だけであり、「非暴力の論理だけが人を民主主義へと導く」【4】のである。けれども、遺憾ながら今日の世界では、平和と自由と民主主義を、暴力——武力——をもってもたらそうとする奇妙な論理が罷り通っている。その結果は、「死者や孤児、家を失った者たちにとっては、正気を失った破壊行為となんら変わらないのである」【5】。たしかに、ガンディーの言うように、問題を「相互殺戮に訴えるのは人間の尊厳にもとるものである」【15】。

第二次世界大戦が勃発したとき、ガンディーは「かつて経験しなかったほどの大きな嫌悪感」におそわれた。とりわけ「ヒトラー総統に代表される全体主義」を嫌った【6】。彼は言った——「戦争は悪である。文字どおりの大悪である」【10】と。戦争の恐ろしさは、「戦争ともなると、詩人は竪琴をおろし、法律家は法文を、小学生は教科書を手離す」【7】という一行に、みごとに語りつくされている。いまにして思えば、このことは日中・太平洋戦争中、少年ながら筆者自身、いやというほど見聞したことである。

戦争の大義名分をどんなに美辞麗句をもって包み隠そうと、そのむきだしの魂胆は高慢な覇権と貪欲な搾取への欲望である。「世界の諸国民が互いに搾取をやめなければ、ほんとうの軍縮は実現しないだろう」とガンディーは言った――「搾取の下心がなくなると、即座に軍備は、かえって耐えがたい事実上の重荷に感じられるだろう」【12】と。

「アヒンサーの見地からすれば、戦闘員と非戦闘員のあいだになんら区別を認めない」【16】。たとえば、盗賊の一味にあって実際に盗みをはたらく者も、見張り役をする者も、どちらも同じ盗みの罪を犯しているのである。そして「同様に、戦場で傷病兵士の看護に当たるだけだという者も、戦争の犯罪から免れることはできない」と言ったとき、おそらくガンディーは過去の「四度の過ち」に胸を痛めていたものと思われる。

ヒトラー主義とは「むき出しの冷酷な軍事力」を意味し、「ヒトラー主義は反ヒトラー主義をもって打ち負かされることはないだろう。反ヒトラー主義はただ、超ヒトラー主義を何倍にも昂じさせるだけである」【17】と、ガンディーは暴力の無益さを予告した。「ヒトラーは彼の勝利をもって何をするつもりだろうか？」と問い、その明白な答えを「彼のそれほど遠くない祖先であるアレクサンダー〔アレクサンドロス〕大王」に求める。大王は力をもって征服した領土を、何百年はおろか何十年も支配しつづけることなく、結局は「手ぶらで帰ること」【17】になっただけではないか。したがって、後代のドイツ国民は、「すべての非征服国民を永久に隷属させることはできないだろう」から、「強大な帝国を所有する喜びではなく、圧倒的な重荷を支えてゆく負担だけを遺」されることになるのだ。ドイツ国民はいま一時的にヒトラーを「勇者として……またそれ以上の者として尊敬する」かもしれないが、やがて近い将来にかの英雄像が地に堕《お》ちたとき、「ヒトラーによって流されたすべての血をもってしても、世界の道徳的身長は百万分の一インチも高められていないことが確認されるだろうと、わたしは信じる」【17】と、ガンディーは痛言した。

大戦が勃発したとき、ガンディーの同情は自由と民主主義を戦争の大義名分に謳《うた》った連合国に向けられ、「わたしの支持は完全に連合国側に」あった

【6】。しかし、非暴力の視座からすれば、それは同じ暴力のレヴェルでの比較の問題でしかなかった。ゆえに「わたしの祈りは、イギリスとフランスが戦争に勝利することであるが、そればかりではなく、ドイツが壊滅させられることがないように、ということ」【19】であった。

ガンディーがヒトラーとドイツ国民にこれらのきびしい直言を呈したのは、1940年6月であり、ヒトラー軍がポーランド、オランダを降伏させ、イギリス＝フランス軍をダンケルクに撤退させながら、破竹の勢いでヨーロッパを席巻していたときであった。そしてガンディーは、これらの国の国民に、「ヒトラーが流血の戦闘の末に得たものを、戦わずして手に入れただけだと、［現実論者たちから］反論される」ことを承知のうえで、あえて非暴力を説いた。たしかに「そのとき、ヨーロッパの歴史は違ったふうに書かれていた」であろうし、「ヨーロッパの道徳的身長を数インチ伸ばしていただろうと、わたしはあえて言いたい」【17】と、ガンディーは言った。

こうしたガンディーのヒトラーへの痛言や、連合国への非暴力の提言を、人はインドを遠く離れたヨーロッパ大陸での、いわゆる対岸の火事についての無責任な放言と批判するかもしれない。しかしガンディーは、同じ火の手が自国の国境近くに迫ったときにも、動転する自国民に向かって、民族運動の最高指導者として同じ提言を繰り返したのである。1942年、ヨーロッパにおけるヒトラー軍同様、南アジアの国々に侵攻をつづけていた日本軍がいよいよインド東北部国境に接近したとき、インド国内の政治指導者たちの対日戦略は大きく三分した。すなわち、その一つは、ナチ・ドイツであろうと日本帝国主義であろうと、対英戦争に従事する国に協力して、長いイギリス植民地支配をいまこそ終結すべき好機だと主張する、チャンドラ・ボースに代表される軍事的ナショナリストたちのグループであり、第二は、ソヴィエト軍がドイツ軍を迎え撃ったときに採《と》った、いわゆる「焦土作戦」を提唱したネルーら国民会議党主流であった。彼らは侵略者にたいして、家屋も食糧も交通手段もすべてを焼き払って撤退すべしと呼びかけた。

そして第三は、ガンディーとガンディー主義者たちの徹底した非暴力の抵抗である。彼らは「敵に使われないために穀物や家屋敷を破壊するよりも、［人道的な動機から］むしろそれらを残しておくことこそ、理性ある行為であり、犠牲であり、また勇気でさえあるのだ」［『ハリジャン』1942年3月22日号］として、焦土作戦には反対した。「ところが実際には、日本軍が上陸を果たした瞬間に、非暴力の抵抗を始めることになるだろう。非暴力の抵抗者は、彼らにどんな援助も、水さえも与えることを拒否するだろう。なぜなら、他人が自分の国を盗むのを手伝う義理はいっさいないのだから」【21】と、ガンディーは非暴力の徹底抗戦を宣言した。「けれども」と、その冷厳な宣言は続く――「もし一人の日本兵が道に迷い、渇《かわ》きのために死にそうになって、一人の人間として助けを求めるならば、いかなる者をも敵とみなすことのない非暴力の抵抗者は、渇ける者に水を与えるだろう」【21】と。ガンディーが生命を賭しても「水さえ与えることを拒否する」のは、日本の侵略軍にたいしてであり、否応なく軍隊にくみこまれた一人びとりの兵士にたいしては、人間としてなんの恨みも憎悪もいだいてはならないと、ガンディーは国民に説いたのである。ガンディーの非暴力の精神の要諦は、まさにこの教訓に尽きると言っても過言ではない。

広島・長崎に原子爆弾が投下されたとき、原子爆弾の製造にたずさわった科学者たちをはじめアメリカの知的世論は、これをもって地上から永遠に戦争がなくなるかもしれないという楽観論に、彼らの良心《こころ》の痛みを和らげようとした。しかし人類は、まもなく――ガンディーが予言したとおり――「山海の珍味を吐き気がするほど食べた人がしばらくはご馳走には見向きもしないが、［やがて］むかつきがおさまると、旧に倍する食欲をもってがつがつ食べはじめた」【25】。そして各国政府は、原子爆弾の脅威に互いの脅威をいっそうつのらせながら、核保有国の仲間入りすることで、世界の列強に名をつらねようとやっきになり、いっぽう既保有国はそうはさせじと監視の目を光らせてきた。そこにあるのは、疑心暗鬼だけである。核兵器の廃絶は

「一つの国民の心を他国民から覆い隠す……政府という各国の非情な政治機構があいだに立ちはだかっている」【26】かぎりは、国家と呼ばれる政治機構には期待できない。それは「あたかも暴力が対抗する暴力によって一掃されないように、原子爆弾も原子爆弾の対抗をもって滅ぼすことはできない」【25】と悟った、国境を超えた人民の英知以外には望めそうにない。それゆえにガンディーは、いまなお「繰り返す……戦争のたびに獲得したその場かぎりの、華々しい結果に騙されつづけている」世界の諸国民に向かって、飽きもせずに自らの信じるところを語りつづけるのである――「永久平和の可能性を信じないのは、人間のうちなる神性を信じないことである」【28】と。

# 第7章
# 「文明」の試金石

1

## 欲望を自主的に抑制する

文明とは、言葉のほんとうの意味では、物量を増やすことにあるのではなく、欲望を慎重かつ自主的に抑制し、減殺することにある。このことだけが、ほんとうの幸福感と満足感を充足し、奉仕への能力《ちから》をいやますのである。

2

## 「簡素な生活は高い思想を生む」

ヨーロッパ文明はたしかにヨーロッパ人には適しているが、わたしたちインド人がそれを模倣しようとやっきになるなら、それはインドにとって破滅を意味するだろう。もちろんこのことは、わたしたちになじむことのできるよいものであっても［ヨーロッパのものなら］なにがなんでも採《と》り入れたり、同化してはならない、などと言うのではない。このことはまた、どんな不都合が［ヨーロッパ文明に］忍び込んできても、ヨーロッパ人なら、なにがなんでもそれを手離してはならない、などと言うつもりがないのと同じである。物質的な安逸とその増殖の飽くなき追求が問題の悪であり、それゆえにこそ、わたしはあえて言うのである——いまヨーロッパ人が、その奴隷になりつつある安逸の重圧のもとで死にたくなければ、ヨーロッパ人自身、彼らの人生態度を改めなければならないだろう、と。わたしのこの読みは、あるいは間違っているかもしれないが、［すくなくとも］インドにとっては金の羊毛❖を追いかけるのは、間違いなく死を招くことになるのを、わたしは知っている。わたしたちの胸に「簡素な生活は、高い思想を生む」という、西洋のある哲人の言葉を刻もうではないか。今日たしかに、一般大衆は高度な生活をたのしむことはできない。そして、大衆になりかわって物を考えると公言してはばからぬ少数者たちは、ただ虚《むな》しく高度な生活を追い求めるばかりで、高い思想を見失うという危険を冒《おか》しているのである。

❖ **金の羊毛**……ギリシャ神話の勇士・イアーソーンが遠征の末、ようやく獲得したという入手困難な宝。

## 3
## 文明の試金石

はじめに、「文明」という語で言い表されている状況がどんなものかを考えてみよう。

文明の実際の判断基準は、そこに住む人びとが物質的な幸福を人生の目標とみなしているという事実にある。いくつかの例をあげてみよう。ヨーロッパ人は今日、百年前よりはるかに住み心地のよい家に住んでいる。このことは文明の象徴だと考えられているが、それはまた、肉体的な幸福を増進しようとする問題でもある。むかしは、彼らは毛皮を身につけ、槍を武器に使用していたが、今日では、長ズボンをはき、肉体を飾るのにいろいろな衣服を着用する。そして槍の代わりに、5連発、6連発、7連発といった短銃を持ち歩く。かりに、これまではあまり衣服や靴などを着用する習慣のなかったある国の人たちがヨーロッパふうの服装を採用したとする。すると、その国民は未開の状態を脱して文明化したということになる。

むかしはヨーロッパでも、主として手仕事でもって田畠を耕していたものだ。それが今日では、一人の人間が蒸気エンジンを用いて広大な土地を耕し、そうして莫大な富を蓄積できる。これが文明のしるしだといわれている。……むかしは人びとは馬車に乗って旅をしたものだが、いまでは1日に400マイル以上も突っ走る汽車に乗って、飛ぶように旅行をする。それが文明の高さを示すものだと考えられている。人類が進歩すれば、飛行船に乗って旅ができるようになり、世界中どこへでもわずか数時間で行くことができるようになるだろう、と言われている。また人間は、手足を使う必要がなくなるだろうとも言われている。ボタンを押せば服が手許《てもと》にやってくる。別のボタンを押せば新聞がくる。三つ目のボタンで自家用車が横づけになるとか、山海の珍味を盛った皿が並ぶとかいうふうに、なにもかも機械仕掛けでなされることになるだろう［解説参照］。むかしは戦いたいときには、体と体をぶつけ合って争ったものだが、いまでは、丘の上から機関銃の掃射をあびせれば、一人で数千の生命を奪うことだってできる。これが文明だと言うのだ。むかしは、人びとは野外で心ゆくまで働いたが、いまは何千という労働者が集まって、生計を得んがために工場や鉱山で働く。しかも、彼らの暮らし向きは動物にも劣るみじめなものだ。彼らは大富豪のために、危険いっぱいの職場で生命《いのち》がけで働かざるをえない。むかしは人びとは、肉体的な拘束によって奴隷にされたが、いまは、金につられ、また金で買える贅沢欲しさに奴隷にされている。現代には、むかしは夢にも考えられなかったような病気があって、多くの医者たちがその治療法を発見しようと研究に従事し、病院の数も増えている。そして、これが文明の試金石とされている。

## 4
## 文明は「よき行為」を意味する

文明とは、人間に義務の道を指し示す、かの行動様式［行為の規範］のことである。義務の遂行と、道徳の遵守とは同義語である。道徳を遵守するということは、われわれの心と情欲に支配力をもつということである。そうするときに、われわれは己自身を知るのだ。グジャラート語の文明に相当する語は「よき行為」を意味する。

この定義が正しければ、インドは、多くの思想家が言ったように、他のだれからもなにひとつ学ぶことはない。……心というものは片時もじっとしていられない小鳥のようなものであることは周知のとおりである。われわれは、得れば得るほど、ますます欲しくなり、いつまでたっても飽くことを知らない。情欲にふければふけるほど、それは抑制できなくなる。それゆえ、われわれの祖先は、われわれの煩悩に限度をもうけたのだ。

幸福というものは、主として心の状態であることを、彼らは見ぬいていた。人間は金持ちだからといって、かならずしも幸福ではなく、また貧乏だからといって不幸であるとはかぎらない。金持ちがしばしば不幸に見え、貧乏人が幸福に見えることがある。それに、いつの世にも、庶民は貧しいものだ。こうしたことをいろいろ考えたうえで、われわれの祖先は、われわれに贅沢や快楽を避けるよう説いたのである。われわれは、幾千年もむかしにあったのと同じような種類の鋤《すき》でなんとかやってきた。われわれはむかしと同じような田舎屋を保持し、またこの国固有の教育は、以前とすこしも変わっていない。われわれには、生命をすりへらすような競争の体制はなかった。だれもが自分の職業や商《あきな》いに従事して、仕事に見合う通常の報酬を要求したのである。それは、われわれインド人が機械を工夫する術《すべ》を知らなかったということではなく、われわれの祖先が、もしわれわれがそのようなものにうつつをぬかしたなら、われわれは機械の奴隷になって、徳性を失うだろうということを知っていたということである。そこで彼らは、よくよく考えたうえで、われわれは自分の手足をもってできるだけのことをなすべきだと決めたのである。

われわれの真の幸福と健康は、手足を正しく使用することにあるということを彼らは知っていた。さらに彼らは、大都会は誘惑のわなであり、無用の長物であることを、人びとはそこでは幸福にはならないことを、そこでは窃盗団や強盗団、売春や悪徳がはびこり、貧乏人は金持ちによって搾取されるだろうということを推論していた。そこで彼らは、小さな村落に住むことで満足していたのである。彼らは、王侯もその剣も、道徳の剣にはおよばぬことを見ぬいていた。そこで彼らは、地上の君主はリシ［賢者］やファキール［ムスリムの行者・托鉢僧］に劣ると考えていたのである。……一般的傾向として、インド文明は道徳性を高め、西洋文明は背徳をひろげるということだ。後者は神なき文明であり、前者は神への信仰にもとづく文明である。このように理解し、このように信じるならば、インドを愛する者はみんな、あたかも嬰児が母の乳房にしがみつくように、古代インド文明をしっかり固持して離さないのは当然のことといえよう。

5

わたしたち［インド人］がヨーロッパ人の服装を真似るのは、わたしたちの堕落、屈辱、弱さの証拠であると、わたしは信じている。また、インドの気候に最適の服装を捨てるとき、わたしたちは国民的な罪を犯しているのだと、わたしは考える。それは簡素さと、美しさと、廉価さのために地上から姿を消すことはない、さらにそれは衛生上の要求にも応えてくれる。もしインドに住むイギリス人たちに、誤れる自尊心と、同様に誤れる威信がなければ、とっくのむかしに、彼らはインド式の服装を採り入れていたことだろう。

6

## スピードは人生の目的ではない

スピードは人生の目的ではない。人はもっと落着いて誠実に物を見、自分の義務に歩調を合わせることで、もっと落着いて誠実に生きるべきである。

7

われわれの目ざす文明、文化、自治《スワラージ》［独立］は、われわれの欲望の増大、すなわち放逸をよりどころとするのではなく、われわれの欲望の抑制、すなわち自己否定をよりどころとするものでなければならない。

8

文明の度合いは、「多数派社会の」少数派《マイノリティ》◆の取り扱い方によって判断される。

◆ **少数派《マイノリティ》**……少数民族や、宗教的・社会的少数派など。

9

進歩は受難者たちが嘗《な》めた苦難の量によって計られる。苦難が純粋であればあるほど、進歩は大きい。

10

## ミシンの発明の背後には愛があった

わたしが反対しているのは、機械そのものではなく、機械への「熱狂」である。いわゆる労力を軽減するという機械への「狂信」である。人びとは「労働力を軽減」しつづけ、ついには幾千万の労働者が職を失い、路頭に迷い、餓死することになるのだ。わたしは一部の人のためではなく、万人のために時間と労力を節約したいと思っている。わたしは、少数者の手中にではなく、万人の手中に富が集まるのを願っているのだ。今日、機械は少数者が多数者を牛耳る手助けをしているだけである。それを背後にあって勢いづけているのは、労力を節約しようとの博愛の精神ではなく、貪欲にすぎない。わたしが力の限りを尽くして闘っているのは、こうした世の中の仕組み・体質である。

《質問》「それではあなたは、機械そのものに反対しているのではなく、今日だれの目にも明らかな機械の乱用に抗して闘っていることになる」

《答え》「わたしはためらうことなく『そのとおり』と答えたいが、ここでひとこと加えれば、科学的な真実や発見は、まず第一に、たんなる欲望の道具であってはならないということである。そうすれば、労働者は働き過ぎにはならないだろうし、機械もまた障害にはならず、むしろ助けになるだろう。わたしが目指しているのは、機械の根絶ではなく、制限である。……

人間にこそ最高の考慮が払われるべきである。機械は人間の肢体を萎縮させるお先棒をかついではならない。たとえばここで、賢明な例外として、シンガー・ミシンの場合を考えてみよう。それは、かつて発明された数少ない有用な発明品の一つであり、工夫そのものにロマンがある。シンガーは、妻が退屈な針仕事に精を出しながら、手で縫い物をしているのを見て、ひたすら妻への愛情から、無駄な労苦を取り除いてやろうとシンガー・ミシンを考案したのだった。ところが彼は、妻の苦役ばかりでなく、ミシンを購入できた人たちみんなの労力も軽減したのである」

《質問》「しかしそのばあい、シンガー・ミシンのような機械を製造するためには、工場がなくてはならないことになる。そして工場には、通常のタイプの動力機械が設置されなければならない……」

《答え》「そのとおりだが、ここでわたしは、社会主義者よろしく、こう言っておこう——そうした工場は国有化されるというか、国家の管理下におかれるべきだ、と。それはともかく、人びとは利潤を得るためではなく、人類の利益のために、ひたすらもっとも魅力的で理想的な条件のもとで働かなければならない。すなわち、欲望に代わって、愛が動機とならなければならないということだ。わたしが望んでいるのは、労働条件の改変である。今日の気狂いじみた富の追求はやめなければならない。そして労働者たちは、暮らしのためだけの生活給ではなく、たんなる骨折り仕事にとどまらない生きがいのある、日常的な職務を保証されなければならない。このような条件のもとでは、機械は国家や機械の所有者と同時に、それを使って働く人たちにもおおいに役立つことだろう。［そのとき］今日ののぼせあがった機械熱は止み、労働者たちは［わたしの言った］魅力的で理想的な条件のもとで働くことができるだろう。これは、わたしが心にとどめているいくつかの例外の一つにすぎない。ミシンには、発明の背後に愛があった。一人ひとりの人間こそ、払われるべき最高の考慮の対象である。個人の労働力の節減が目標でなければならない、そして動機は貪欲ではなく、心からの人道的な思いやりでなければならない。貪欲を愛におきかえようではないか、そうすれば万事が順調に進展するだろう」

## 11
## 世界危機の責任は大量生産への熱狂にある

思いきってわたしの信じるところを断言的に言わせてもらえば、今日の世界危機の責任は大量生産への熱狂にある。かりに、機械が人類の必需品をすべて供給できる秋《とき》が来たとしても、生産がある特定の地域に集中するだろうから、分配を調整するには遠く回わり道をしなければならないことになる。これにたいして、物品が必要とされるそれぞれの地域で、生産と分配がともにおこなわれるならば、自動的にそれが調整されるため、欺瞞の機会は減少し、投機の機会もなくなるだろう。

周知のとおり、大量生産は［ヨーロッパやアメリカなどの先進国に］、いわゆる弱小民族と呼ばれる世界の未組織の民族の搾取を可能にしている。しかし、これら弱小民族が、ひとたび基本的な知識を得て、これからはもう搾取はされまいと心に決めたなら、彼らは自分たちで供給できるものだけで満足するだろう。そのとき大量生産は、すくなくとも生活必需品にかんするところでは、姿を消すだろう。

生産と消費がともに地方に分散化されるとき、生産のスピード・アップへの誘惑は、かならずや、どんなことがあってもなくなるだろう。今日の経済システムによってもたらされている、果てしなく続く難題や問題も、すべてそのとき解消するだろう。少数者の懐に富が集中し、他の多数者については、潤沢のなかで欠乏するといった不自然な現象も消滅するだろう。

## 12
## 紡ぎ車を奨励する根拠

わたしは手紡ぎのために、ひとつとして健全にして活気ある産業活動を放棄することを考えたことはないし、ましてやそれを奨めたこともない。紡ぎ車を奨励する根拠は、いつにかかって、インドには幾千万という半失業者がいるという事実に由来している。そしてわたしは、そうした失業者がひとりもいなくなれば、紡ぎ車の入りこむ余地はなくなるであろうことを認めざるをえない。

## 解説

# 「文明と機械」

ガンディーは20世紀の世界思想家たちのなかでも、きわだってユニーク——風変わりで特異な文明論＝機械論を展開したオピニオンリーダーの一人であった。今日、彼は一般には、反文明論者・反機械論者とみなされているが、彼の時代にあっても、彼の文明＝機械についての発言は、ヨーロッパ人はもちろん、インドの知識人たちにも違和感をもって迎えられ、「時代錯誤」「中世的」との批判や嘲笑を浴びていた。

しかし、バラ色にかがやいた20世紀の文明＝機械信仰が、「進歩」の美名のもとに、ひたすら科学を善とし、無反省にその成果を追い求めてきた結果、人類はいまや、自らが産み出した原子爆弾の世界的規模の拡散に脅え、迫り来る地球環境の全面破壊におののいている。いまにして思えば、「時代錯誤」「中世的」と嘲笑されたガンディーの反文明論＝反機械論は、今日のこうした人類・地球存亡の危機への最初の痛烈な警鐘の一打であったといえよう。彼の反動的発言は、いわば、巨鐘をいっそう大きく強く打ち鳴らすためには、撞木《しゅもく》をできるだけ後方へ引きもどし、勢いをつけなければならなかったためであろう。

しかし、いっぽう、われわれは今日「反時代的」ときめつけるガンディーの文明論＝機械論について思いめぐらすとき——ガンディーの思想のすべてについて言えることであるが——頑なまでの一貫性と同時に、彼の人生の深化とともに微妙な、ときには「矛盾・転向」とすら感じるような、根元的な変化・変容に気づくのである。ガンディー自身もこの事実を認め、つぎのようにコメントしている――。

「わたしは物を書くときに、自分が以前に言ったことを考えたことはない。わたしが意図するのは、［いま目前に］与えられた問題について、自分が以前に述べたこととつじつまを合わせるのではなく、その時点において、自分にとって真理であると思われるところに一致させることである。その結果、わたしは真理から真理へと成長してきたといえよう。」

さらにガンディーは、以前のものと最近のものとのあいだに、なんらかの相違が認められるときには、当然のことながら後者を選ぶようにと、読者に助言する。しかし、われわれ読者にとって関心を喚《よ》ぶのは、結果の違いではなく、「真理から真理への」成長と発展の過程である。

たとえば、若いころ（『ヒンド・スワラージ』執筆当時）のガンディーには、機械いっさいを拒否するような過激な発言が目立っていたが、1924年には、「紡ぎ車も機械だし、小楊子一本だって機械といえばいえなくはない」と言い、そのあとを「わたしが反対しているのは、機械そのものではなく、機械への『熱狂』である」【10】と、語調を和らげ、「幾千万の労働者の手から職を奪い、路頭に迷わせ、少数者の手に富を集中させる機械に反対しているのだ……」【10】と、説明を加えている。そして、身近な愛すべき機械の一例として、シンガー・ミシンをあげ、人間と機械の望ましい関係について述べている。聞くところでは、ガンディー自身、シンガー・ミシンのペダルを踏むのを楽しんだという。

ガンディーは「一般的傾向として、インド文明は道徳性［精神性］を高め、西洋文明は背徳をひろげるということだ。後者は神なき文明であり、前者は神への信仰にもとづく文明である」【4】と、率直に感想を述べているが、はたして今日、IT革命を推し進めるインド社会に、この言葉が文字どおり通用するかどうかは疑問であるが、世界的視座から言うならば、それでもなおインド文明は、神々への信仰と宗教的慣習に重点をおく伝統社会であることは否めない。たとえば、服装ひとつを例にとってみても、都市の男性住民を除いて、全体として——とくに女性のばあいは、家庭でも外出時もほとんどサリーで通しており、その理由をたずねると、「インドの気候に最適の、美しい民族衣装だから」という答えが返ってくる。

また、インドを旅した多くの日本人から異口同音に耳にするのは、かの地では日本とはまったく異質の時間が、大河ガンジスのように悠然と流れているという話である。筆者も長期のインド暮らしや、度重なる旅行のたびに、飛行機が空港に着陸すると同時に、現地時刻に腕時計の針を合わせるいっぽう、脳内時計をもインド時間にリセットして生活を始めることにしている。そうしないと、時間に追われる日本の生活をそのままインドに持ち込んだのでは、現地の人びとの思考や日常になじみ、したしめないのを知っているからである。近年は、日本でも分刻み、秒刻みの非人間的な生活への反省から、「スロー・ライフ」などという言葉が流行《はや》っているが、驚嘆すべきは、今日の日本人の生活からみれば、ほとんど気の遠くなるような悠長《スロー》な、というより時間が静止しているような時代に、ガンディーが近代文明の病根の一つであるスピードを戒めた【3】ことである。「スピードは人生の目的ではない。人はもっと落着いて誠実に物を見、自分の義務に歩調を合わせることで、もっと落着いて誠実に生きるべきである」【6】と、早くも、時間やスピードに有頂天になっているわれら現代人の愚を指摘している。

ガンディーが忌避し批判した文明は、古来人類が地上に営々として築いてきた人間の叡知や精神の記念碑としての、たとえばエジプトや、ギリシャ、ローマ、ペルシャ、中国、南米の各地に伝わる歴史上の文明でないことは、あらためて言うまでもない。彼が嫌悪したのは、たかだか百年かそこら前に、イギリスをはじめヨーロッパの国々に澎湃《ほうはい》として出現した産業革命の申し子である西洋近代文明、すなわち、言うところの「物質文明」であった。

そもそもインドには、近代ヨーロッパ人が誇った英語のcivilizationに相当する語はなかった。あえてインド語に「文明」の本義を求めるならば、たとえばガンディーの母語であるグジャラート語では、「人間の義務の道を指し示した行動の様式［行為の規範］【4】のことであり、ひたすら欲望をつのらせ、物を増やす西洋物質文明とは正反対の「欲望の抑制、すなわち自己否定をよりどころ」【7】とする高度な精神文明を指す。

ガンディーはことさらに、鉄道・法律家（弁護士）・医者を近代文明の諸悪の象徴と呼んだ。ガンディー自身汽車を利用してインド国内を隅々までかけめぐりながら、「インドに鉄道がなくともわたしは嘆かない」などと言うのは自家撞着もはなはだしい、と文明論者から皮肉られた。しかし、ガンディーの鉄道批判の真意は、今日なおその遺産が世界の三指にかぞえられる鉄道敷設の長距離の目的が、ひたすらインド国内の隅々にまで枝をはりめぐらし、富を収奪することに専念したイギリス資本家たちへの怒りの表明であったことは、言を俟《ま》たない。つぎに法律家をやり玉にあげたのは、彼らこそはイギリス帝国支配の「法と秩序」の請負人・番人であったためであろう。彼らの地位の保証は、一般大衆の反乱［イギリス政府は「1867年の大反乱（世にいう『セポイの反乱』）」以来、いわゆる「反乱アレルギー」におちいっていた］への盾《たて》であった。しかし、これら若い弁護士たち（ガンディー自身、南アフリカ時代は弁護士を職業としていた）のなかから、やがて多くの民族運動の指導者たちを輩出したのは、いかにも歴史の皮肉というべきであろう。

また、医者を近代文明の悪の象徴の一《ひと》つとしたのも、いかにもガンディーらしい発想からであった。言われてみれば、現代人はいちずに文明の進歩を信じて、自らの肉体の管理も生命への責任も、すべてをあなたまかせ、医者まかせにしていると、ガンディーは痛烈に苦言を呈するのである。ガンディーによれば、病気は人の不養生・不摂生から生じるものである。ところが、たとえば食べ過ぎて腹痛を起こした患者は、すぐに医者のところに駆けこむ。すると医者は、近代医学の産み出したありがたい特効薬を彼に与える。病状はたちどころによくなる。すると無反省な患者は、ふたたび過食をして腹痛を起こし、医者のもとに走る。ガンディーは言う——「最初に医者が［よく効く］丸薬を与えていなかったら、患者は自業自得の懲《こ》らしめを受けて……

二度と食べ過ぎるようなことはなかったろう。医者があいだにわりこんできて、不摂生の手助けをしたのだ」と。言葉は少々乱暴に聞こえるが、まさに自己の健康管理まで放棄した現代人の医学盲信・依存を衝《つ》いた名言である。たしかに現代人は、ガンディーが指摘したように、文明社会が進歩すればするほど、本来人間にそなわっていたはずの生命力の逞《たくま》しさを喪失し、動物的・本能的ともいえる肉体の強靭さを忘却し、自然で鋭敏な知性と感性を見失っているのである。

ガンディーの機械論は、1931年にロンドンでおこなわれた名優チャーリー・チャップリンとの対談に、もっとも簡潔、かつ遺漏なく語りつくされている。20世紀映画史上に不滅の金字塔を築いたチャップリンの『モダン・タイムズ』(1936)は、近代文明と資本主義の迷走をきびしく批判・風刺した「真摯な喜劇《コメディー》」であるが、この映画を見ただれもが忘れられないのは、チャップリン扮する主人公が人間の手足の動作を機械にまかせ、たとえば食事をとろうとすると、ボタン一つで機械仕掛けのナイフとフォークが食べ物を口に運ぶ、食事をすませると、これまた機械仕掛けでナプキンが彼の口を拭くといった場面《シーン》である。当時の観客たちは奇想天外なこれらの場面を見てただ笑いこけていただけかもしれぬが、そこには未来の(すなわち今日の)機械に手足をもぎとられ、はては頭脳すらも売り渡そうとしていた人間の姿が予告されていたのである。

ところで、チャップリンがこの場面を着想したのは、たぶん彼が「かねがね深い尊敬と讃嘆を感じていた」[以下、チャップリンの言葉は『チャップリン自伝』(中野好夫訳=新潮文庫)からの引用]ガンディーの『ヒンド・スワラージ』のつぎの一節からではないかと想像される——「[やがて]人間は手足を使う必要がなくなるだろうとも言われている。ボタンを押せば服が手許にやってくる、別のボタンを押せば新聞がくる、三つ目のボタンで自家用車が横づけになるとか、山海の珍味を盛った皿が並ぶとかいうふうに、なにもかも機械仕掛けでなされることになるだろう……」【3】。

こうしてチャップリンのほうでは、はやくからガンディーの思想や行動に注目を払っていたようである。いっぽうガンディーは、言うまでもなく（と言ってよいかと思うが）、喜劇王チャップリンの名前も、その作品についても知らなかった。1931年、第二回円卓会議に出席するため渡英中であったガンディーは、たまたま『街の灯』のオープニングのためにロンドンに滞在していたチャップリンと、二人の共通の知人を介して会うことになった。ガンディーは、このたびの訪英中に「国王の配慮によってではなく、神のお思し召しによって何人かの興味深い人物に会うことができた」と記しているが、チャップリンはその一人であった。二人は「ごみごみした狭い貧民街」のインド人開業医の家の2階で向かい合った。チャップリンは何から話題をきりだしてよいか、「第一、彼が映画など見るかどうか」ずいぶん迷ったらしいが、そのとき彼の脳裡を横切ったのは、ガンディーの機械嫌いの話であった。そこでチャップリンは口を開いた——

「要するにですよ、機械というものが、世のため、人のためということで使われさえすれば、これは人間を奴隷の状態から解放し、労働時間を短縮し、それによって、知性の向上、生活のよろこびというものを、増進するのに役立つことはきまってるんですからね。」

「おっしゃることはよくわかります」と、ガンディーは静かに微笑して言った。チャップリンはガンディーの主張を、『自伝』につぎのように伝えている——。

「しかしですよ、インドでは、それらの目的を達成する前に、まずイギリスの支配から解放されなければならないのです。現に過去において、わたしたちは機械のおかげでイギリスの奴隷になってしまったのです。したがって、もしその奴隷状態から脱却しようと思えば、唯一《ゆいいつ》の途《みち》は、まず機械で作られる一切の商品をボイコットすること、それ以外にはないのです。わたしたちインド人が、自分の糸は自分で紡《つむ》ぎ、自分の布は自分で織るということ、それをすべての国民の愛国的義務であると規定したのも、実はそのためなのです。これがイギリスのような強大国家にたいする、わたしたちの攻撃法なのです――もちろん、ほかにもまだ理由はいろいろありますがね。たとえばインドとイギリスとでは、風土がちがいます。習慣や欲望もちがいます。イギリスでは寒いために骨の折れる勤労や複雑な経済が必要でしょう。あなた方にはナイフやフォークなど食器を作る工業が必要でしょうが、わたしたちは指で食べます。そうしたことが、そのままいろんな相違になって現れてくるわけです。」

それから数年後の1936年に、チャップリンは彼の代表作の一つである『モダン・タイムズ』を完成したのである。そこには、ガンディー固有の機械論がユーモアたっぷりに描きだされていたことは言うまでもない。

# 第8章
# 「経済的平等」の実現

1

## 人は二つの道のどちらか一方を選ばなければならない

人は二つの道——上り道と下り道のどちらか一方を選ばなければならない。しかし、人は内部《うち》に獣性をやどしているので、［険しい］登攀道よりも安易な下り道を選ぶだろう——わけても、下り道が見た目に美しく装われているときには。罪悪が美徳の衣を着て現われるときには、人はやすやすと罪に降伏してしまう。

2

［この世には］救いがたいほどの悪人はいない、［またいっぽう］自分勝手に、［相手を］度しがたい悪人ときめつけ、他人を抹殺する権利をもつほど完全な善人はいない。

3

わたしは人間性を疑うことを拒否する。人間性はいかなる相《かたち》のものであれ、高貴で友好的な行為には反応するだろうし、また、かならずや反応するからである。

4

## 中央集権は非暴力の社会構造とは相容れない

円満な、知的・道徳的成熟と結びついた人間の幸福こそ、追求さるべき目標である。わたしはここで、道徳的という形容詞を、精神的という語の同義語として用いている。この目標は、地方分権のもとで達成できる。制度としての中央集権は、非暴力の社会構造とは相容れないからである。

## 5
## 適切で調和のとれた結合

人間はたんなる知的存在ではないし、粗野な動物的・肉体的存在ではない、かといって、心すなわち魂によってのみ生きているのでもない。全的な人間を形成するためには、これら三つすべてから成る適切で調和のとれた結合が要求される。そしてそのことは、真《まこと》の経済や教育をも成り立たせるのである。

## 6

人間の知性や社会は、政治的・社会的・宗教的などと呼ばれる完全に分離した専門分野に仕切られてはいないことを、わたしは断言する。人間の事象万端は、互いに相呼応し、相反応し合うものである。

## 7
## 人生は不可分の全体

人生は不可分の全体であり、そのために、それぞれ異なる分野を線引きすることはできないし、政治と倫理も分けることはできない。人をだまして財をなした商人が、不正に得た富からなにがしかの額の金子《きんす》を、いわゆる宗教的な目的のために供出することで、犯した罪が洗い流されると考えるとき、彼はただ、うまく自分をごまかすことに成功しているだけである。人間の日々の生活は、人の精神的存在から切り離すことはできない。日常の生活と精神的存在は、相互に作用し合うものである。

## 8
## 人はみな生命の同一性の認識の方向に向かっている

すべての生命は本質的には一《ひと》つであり、人はみな意識するとしないとにかかわらず、生命の同一性の認識の方向に向かっているのだという信念、または哲学に、わたしは共感する。この確信には、われわれの運命の最終的な決定者である生きた神への、全幅的な信仰が必要である。神なくしては、草の葉一枚そよぐことはないのだ。

## 9
## 生命あるすべてのものにも凝集力がある

科学者たちは教えている――わたしたちのこの地球を成り立たせている原子に凝集力がなければ、地球はばらばらに分解し、わたしたちも存在しないであろう、と。そして、意識をもたない物たちに凝集力があるのと同じように、生命あるすべてのものにも凝集力がある。この生命あるものたちのあいだの凝集力に与えられた呼称が、すなわち「愛」である。わたしたちはそれを、父と息子、兄弟姉妹、友だち同志のあいだに見るのである。わたしたちは、生きとし生けるすべてのもののあいだに愛の力を用いることを学ばなければならない。それを用いるところに、わたしたちの神の知識が存在するのである。愛のあるところに生命《いのち》がある。これに反して、憎悪は破壊に通じる道である。

## 10
## 宇宙にあって人体に見出せないものはなにひとつない

人間という機械の内部の働きはすばらしい。人体は［いわば］宇宙の縮少版［小宇宙］である。宇宙にあって人体に見出せないものはなにひとつない。まさに、ある哲学者の言った「内なる宇宙は外なる宇宙を反映する」という言葉のとおりだ。したがって、わたしたちが自分の身体について完全に知ることができれば、わたしたちは宇宙を知ることになるだろう。しかし、最高のドクターたちや、ハキム［イスラーム系のユナニ医学の医師］たち、ヴァイディヤー［インドの古典的伝統医学アーユルヴェーダの医師］たちでさえ、いまだその知識を習得できないでいる。ましてや素人がそれを得ようと願うのは、僭越であろう。人間の精神《こころ》について情報を提供できる機械は、いまだに発見されていない。科学者たちは、身体の内外に起こるいろいろな働きについて興味深い説明をおこなっているが、歯車を動かしているのは何かについては、だれにもわからない。死はなぜ、どうして起こるのかを説明できる人はいないし、またその時期を予言できる人はいるだろうか。つまり、人は、万巻の書を読み、書き、無数の経験をつんだあとで［やっと］、いかに知るところが少ないかを知るに至るというわけである。

## 11
## 過ちは人間的である

過ちを犯すのは、重大な過ちであっても、人間的である。ただし、過ちを改め、二度と繰り返すまいとの決意があるときにのみ、それは人間的といえよう。その誓いが完全に履行されるならば、そのときはじめて過ちは忘れ去られるだろう。

## 12

人生は、死を敵としてではなく、どこまで友とみなすかによって、生きがいあるものとなる。

## 13

人間性の尊厳は、わたしたちが人生の嵐に立ち向かわなければならないことを義務づける。

## 14
## 生と死は一つの硬貨の表と裏

生と死は、同じものの異なる二つの相《かお》にすぎない。いわば、同じ一つの硬貨の表と裏のようである。——このことは、わたしには火を見るよりも明らかである。

15

## どんな社会も個人の自由の否定の上には成り立たない

もし個人の自由が重要視されなくなったら、社会はどうなるのだろうか。個人の自由があればこそ、人はすすんで社会奉仕に自らを完全にささげることができるのだ。もし個人の自由が彼から奪われるようなことがあれば、彼はただの機械人間《オートメーション》になりはて、社会は崩壊するだろう。どんな社会も、おそらく個人の自由の否定の上には成り立たないであろう。そのことは、人間性そのものに逆行するからである。人は、自分の意志《こころ》をもてないのなら、角や尻尾を生やそうとは思わないように、人間として存在しようとは思わないだろう。実際、個人の自由を信じない人たちでさえ、自分自身の自由は信じているのである。

16

自由は高価な買い物であり、牢獄はその商品をつくる製造工場である。

17

薔薇は、他のどんな名称で呼ばれようとも同じ芳香を放つが、わたしが欲しいのは自由な薔薇《はな》であり、造花ではない。

18

個人の自由と相互依存は、両方ともに、社会生活にとって必要不可欠なものである。

19

平和と自由のために闘う者の一つの条件は、自制心を身につけることである。

20

個人の自由は、たしかにある程度までは、人間だれにも許されている。［しかし］人は、自分が社会的存在であり、かれの私的な自由は、ことごとに削減されなければならないことを忘れてはならない。

21

地上のいかなる権力も、敵を殺そうとは考えず、敵に殺される覚悟をきめこんでいる自由を愛する戦士たちに抗《あらが》うことはできない。

22

## 人生は分かちがたい一つの全体

人はなにか他の分野で不正をはたらきながら、ある一つの分野で正しい行ないをなすことはできない。人生は分かちがたい一つの全体であるからだ。

23

生命《いのち》の音楽《しらべ》は［騒々しい］声の音楽のうちにかき消される危険《おそれ》がある。

24

## 民主主義と暴力は両立できない

民主主義と暴力は両立できない。今日、名目上は民主主義をうたっている国々は、［仮面を脱いで］あからさまに全体主義国家にならざるをえないか、それとも、真に民主主義的にならなければならないというのであれば、勇を鼓して非暴力の道を選ばなければならない。非暴力は個人だけが実践できるものであり、個人から成り立つ国家にはけっして実践できない、などというのは冒瀆である。

## 25
## いちばん弱い者も最強者と同じ機会をもつべきである

民主主義のもとでは、いちばん弱い者も最強者と同じ機会をもつべきである。これがわたしの考える民主主義である。そしてこれは、非暴力による以外には、けっして起こりえない現象である。

## 26
## 非暴力的な社会の可能性を信じる

どのような政府もうまく完全に非暴力的になるなど、できない相談である。なぜなら政府は、全国民を代表するものだからである。わたしは今日、非暴力の政府というような黄金時代を心に思い描いているわけではない。それでもわたしは、おおむね非暴力的な社会の可能性は信じている。だからこそわたしは、そうした社会の建設のために働いているのだ。

## 27

制度としての中央集権化は、非暴力の社会機構とは相容れない。

## 28
## 国家権力の増大を憂慮

わたしは、国家権力の増大を、限りない憂慮をもって見守っている。というのは、それは明らかにいっぽうでは、搾取を最小限に抑制することでよい方向にはたらいているように見えるが、他方、あらゆる進歩の根底にひそむ個人の人格性を破壊することで、人類に害をなしているからである。

## 29
## 持ち去るもののない質素な家は警備を必要としない

言っておくが、もしインドが非暴力の路線に沿って発展することになれば、地方分権化が必要である。中央集権は、それ相応の軍事力なくしては維持・防衛することはできない。これといって持ち去るもののない質素な家は警備を必要としない。金満家の豪邸は、盗賊たちを防護するのに強力な警備隊を備わなければならない。巨大工場も同じである。農村中心に組織されたインドは、陸海空軍を組織的に配備した都市的インドよりも、外国の侵略を受ける危険度は少ないであろう。

## 30

健康な身体に恵まれながら、仕事にも食物にもありつけない男女がひとりでもいるかぎり、わたしたちは休養をたのしんだり、満足のゆく食事を摂《と》ることを恥じるべきである。

## 31
## ひとりの人が精神的に救われるなら 全世界が彼とともに救われるだろう

ひとりの人が精神的に救いの歓びを得、周りの人たちが悩み苦しんでいるなどというようなことは、わたしには信じられない。わたしはアドヴァイタ❖を信じる。すなわち、人間の、さらに言うなら、生きとし生けるすべてのものの本質的な一如《ユニティー》を信じる。それゆえに、もしひとりの人が精神的に救われるなら、全世界が彼とともに救われるだろうし、ひとりでも救われぬ人がいるなら、全世界もその程度にしか救われないであろう、と信じている。

❖ **アドヴァイタ**……不二一元論、絶対的一元論。

## 32
## 必要としないものを所有しない

わたしたちはみな、ある意味では盗人だとわたしは言う。もしわたしが、さしあたって使用する必要のないものを手に入れて、それを貯《たくわ》えておくならば、わたしはだれか他の人からそのものを盗んだことになるからである。あえて言えば、自然が日ごと、わたしたちの必要をみたすのにじゅうぶんな物を産みだしてくれているというのは、なんといっても、自然の基本的な法則である。もしだれもが、自分の必要なものだけを受け取り、それ以上余分なものを私有しさえしなければ、この世界の貧困はなくなるだろうし、飢餓で死んでゆく者もこの世界からいなくなるだろう。しかし、わたしたちが今日の不平等を続けるかぎり、言いかえると、わたしたちが盗みをつづけるかぎり、世界の貧困や飢餓はなくならないだろう。わたしは社会主義者［厳密な意味での共産主義者］ではない。したがってわたしは、私有財産を所有する人たちから財産をとりあげたいとは思わないが、個人的にこれだけはどうしても言っておきたい――闇から光明を見出したいと思う人は、この掟に従わなければならない、と。わたしはだれからも財産を奪いたいとは思わない。［なぜなら］そうするとき、わたしは非暴力《アヒンサー》の法を逸脱することになるだろうから。もし他のだれかがわたしより多くを所有するというなら、その人にはそうさせておくがよい。しかし、わたし自身の人生が律せられているかぎり、なにがあろうとわたしは自分の必要としないものを所有しないことだけは、誓って言っておく。インドには、一日一食、それも脂肪分のないチャパティを、ひとつまみの塩だけで満足しなければならない300万の半飢餓者たちがいる。これら300万人に衣類と、いまよりましな食べ物が与えられるまでは、あなたがたにもわたしにも、いま実際に所有している物を自分の物だと言う権利はない。あなたがたもわたしも、もっとよく実態を知るべきであり、自分の欲望を制御しなければならない。そして、貧しい人たちが保護され、食べ物と衣類が与えられるよう、わたしたちは自らすすんで、飢餓［空腹］に耐えなければならない。

## 33
## 人間を離れては神は見出せない

わたしの同胞が、わたしのいちばん身近かな隣人たちである。［しかし］彼らは、あまりにも無力で、資力に乏しく、気力がないために、わたしは彼らへの奉仕に力の限りを尽くさなければならない。もしわたしがヒマラヤの洞窟のなかに神を見出すことができると確信できたら、なにをおいても即刻そこへ赴くだろう。しかし、人間を離れては神を見出せないことを、わたしは知っている。

## 34
## 貧者にとって経済的なことはそのまま精神的なことである

貧しい人たちにとっては、経済的なことはそのまま精神的なことである。飢餓線上にある無数の人びとには、経済的なこと以外に訴えることはできない。その他のことでは、彼らの心をとらえることはできないだろう。けれども、あなたがその人たちのところに食べ物をたずさえるなら、彼らはあなたを神とみなすだろう。彼らには、それ以外のことは考えられないのだ。

## 35
## 翼をわずかに羽ばたかせることさえできないでいる人間小鳥がいる

仕事のない飢えた民衆にとって、神が姿を現わすことのできる唯一目に見える形は、仕事と、その報酬である食物の約束である。神は人間を、働いて自らの糧を得るようお創りになり、働かずして食うものは盗人だと言われた。インドの80パーセントの人口は、半年間はいやがおうでも盗人でいなければならない。インドが広大な牢獄になったとしても、なんら驚くにはたりない。［このようにして］インドに紡ぎ車を導入したのは、ほかならぬ飢餓である。紡ぎ車の呼びかけは、なかんずく高貴である。なぜなら、それは愛の呼びかけだからである。そして、言うところの愛とは、スワラージ［自治・独立］への愛である。紡ぎ車は、必要な肉体労働で費やされた時間が求めるときには、「精神をも抑制する」だろう。わたしたちは、いまや動物以下の生活を強いられ、ほとんど半死半生の状態にある幾百万という民衆に思いをはせなければならない。紡ぎ車はいわば、瀕死の無数の男女にとって、蘇生の水滴である。「パンのために働く必要のないわたしが、なぜ紡がなければならないのか」と、問われるかもしれない。なぜならわたしは、自分のものではないものを食べているからである。わたしは同胞を掠《かす》めて生きているのだ。あなたの懐に入ってくるすべての小銭《パイサ》の経路をたどってみるがいい。そうすれば、あなたは、わたしが書いていることの真実が納得いくだろう。……

詩人は彼の詩的天分のままに、明日のために生き、そしてわたしたちにも同じようにさせようとする。彼は、恍惚《うっとり》と見つめるわたしたちの目の前に、賛美歌をうたいながら大空に舞いあがる早朝の鳥たちの美しい絵を描いて見せる。これらの鳥たちは、日々の糧を得、前夜のうちに血管の血潮を清め、休めた翼をもって天翔ける。しかし、力がないために、翼をわずかに羽ばたかせることさえできないでいる鳥たちを見て、わたしの胸は痛む。インドの空の下の人間小鳥は、休憩しようとしたときよりもいっそう弱々しげに起きあがる。幾百万の人びとにとって、それは永遠の眠られぬ夜か、永久の昏睡状態である。それは、実感するには自ら体験するほかのない、筆舌しがたい痛ましい状態である。苦しんでいる病人たちを、カビール❖の歌で癒すことができないことに、わたしは気づいた。飢えた大衆が求めているのは一篇の詩――生気を与えてくれる食べ物である。彼らは、手をこまねいていては食物にありつけない。彼らはそれを自らの手で稼がなければならない。額に汗することで、やっとそれを手に入れることができるのだ。

❖ **カビール**……中世インドの有名な宗教詩人。

36

詩人も毎日30分間糸を紡ぐなら、彼の詩はいっそう豊かさを増すだろう。

37

## 自分自身の福利は万人の福利を願うことにつうじる

人は、神がお創りになった万人の福利を切望し、そうする力がもてるように祈るべきである。自分自身の福利は、万人の福利を願うことにつうじる。自分自身の、あるいは自分の所属する小さな社会の福利のみを願う人は利己的であり、社会もけっして彼とともに幸福にはなれない。……人は、自分にとってよいと考えることと、ほんとうによいこととを識別することが肝要である。

38

## 資本と労働のあいだの永遠の葛藤をなくす

経済的平等こそは、非暴力の独立の扉を開く親鍵《マスターキー》である。経済的平等のために働くということは、資本と労働のあいだの永遠の葛藤をなくすことを意味する。このことは、一方では国家の富の大部分をその掌中に集めている少数の金満家たちの富を均《なら》すと同時に、他方では、半飢餓・半裸状態の大衆の水準《レベル》を引き上げて均一化するということである。金持ちと飢えた無数の大衆のあいだに越えがたい溝が存続するかぎりは、非暴力的な統治制度は明らかに不可能事である。ニューデリーの豪邸と貧しい労働者階級の惨めな茅屋《あばらや》との対照は、貧乏人も最高の金持ちと同じ権力を享受することになるであろう自由なインドでは、一日として存続しえないはずである。金持ちたちが富と、富が賦与する権力を自らすすんで放棄し、それらを公益のために分配しなければ、いつの日にか、血なまぐさい暴力革命が起こること必定である。［それゆえに］わたしは、どんなに揶揄や嘲笑を浴びようとも、わたしの提唱する信託制度［解説参照］の信条に固執する。たしかに、その理想を実現するのはむずかしい。それは、非暴力が達成しがたいのと同じである。

## 39
## 資本家の壊滅は労働者の破滅につながる

非暴力的な方法でわたしたちが求めているのは、資本家を打倒することではなく、資本主義を打倒することである。わたしたちは資本家に、資本の形成と保有、増殖に彼らが依存してきた人たち［労働者たち］の被信託人と自らをみなすよう呼びかける。労働者は、資本家が考え方を改めるのを待つ必要はない。資本が力だというなら、労働も力である。いずれの力も、それぞれ破壊的にも創造的［建設的］にも使われる。資本と労働は、互いに他に依存している。労働者が自分の力に気づくとき、即座に彼は、資本家の奴隷であることをやめて、資本家の共同所有者になることができるのだ。労働者が［資本家を追放して］独占的な所有者になることを狙うなら、それはほとんど金の卵を産むめんどりを殺すようなものである。

わたしは［南アフリカで］非協力運動をおこなっていたとき、だれかにわたしの仕事［弁護士業］を奪われはしまいかと危惧する必要はなかった。なぜならわたしは、同志たちに働きかけて、わたしの雇い主の悪業に手を貸さないよう期待していたからである。労働者大衆にたいするこの種の教育は、たしかに一朝一夕には進まぬものだが、それはまた、きわめて着実に進行するので、必然的に最速といえよう。資本家の壊滅は、結果的には労働者の破滅につながることは、容易に論証できる。この世には、救いがたいほどの悪人はいないし、またいっぽう、勝手に相手を全面的に邪悪であるときめつけて、人を破滅させる権限を有するほど完全な人間もいない。

40

ザミーンダール［地主］や資本家たちが［これまでのように］小作人や労働者を抑圧しつづけるようなことがあれば、あなたがた[1]は生き残れなくなるだろう。これからはあなたがたは、彼らにたいして主人《あるじ》としてではなく、仕事仲間や友人として接し、被信託人［解説参照］としてふるまわなければならない。そのときようやく、あなたがたは生き残ることができるのだ。イギリス統治時代、長年にわたって、あなたがたは労働者や小作人を搾取してきたのだ。だからこそわたしは、あなたがた自身のためにも警告するのである——あなたがたが壁に書かれた災い[2]の兆《きざ》しに気づかなければ、時代に適合するのはむずかしいだろう、と。

1　本文は地主たちとの対話である。

2　暴力革命の宣伝文。

41

## 労働者こそがまさに資本家である

信託制度の理論は、［信託人や被信託人にかんする］一方的なものではなく、またけっして被信託人の優位を意味するものではない。それは、これまでもわたしが説いてきたように、完全に相互的な事柄であり、お互いがそれぞれ他の利益を守ることで、自分の利益が最高度に守られると信じることである。「神々をよろこばせんことを、そうすれば、神々もおまえたちをよろこばせるだろう。そして、この相互的な和解によって、おまえたちは最高の幸福に到達するであろう」と『バガヴァッド・ギーター』は説く[*]。この世界には、神々と呼ばれる別個の種族は存在しない。生産力を有し、その力を使って、自分たちの社会のために働くすべての者が神々である。労働者こそが、まさに資本家である。

❖ **バガヴァッド・ギーター**……原文は、ガンディー自身のかなり自由な英語訳であり、サンスクリット原典に忠実な日本語訳として、上村勝彦訳（岩波文庫）をつぎに引用しておく——「これにより神々を繁栄させせよ。その神々も汝らを繁栄せしめんことを。互いに繁栄させせつつ、汝らは最高の幸せを得るであろう。」（『バガヴァッド・ギーター』第3章11）

42

## 自己変革の機会

信託制度は、今日の資本主義的な社会体制を平等主義的な体制に変革する手がかりを用意する。それは資本主義を容赦なく攻撃するのではなく、既存の有産階級に自己変革の機会を与えようとするものである。すなわちこれは、人間性は救いがたいものではないとの信念にもとづく思想である❖。

❖ 本文は、ガンディー個有の「信託制度」の思想を、弟子たちが文章化したものに、ガンディー自ら加筆・修正を加えたものである。

43

わたしは、人はみな生まれながらにして平等であるとの暗黙の了解を信じている。人はだれも——インドで生まれようと、イギリスで生まれようと、アメリカで生まれようと、あるいはまた、どのような環境のもとで生まれようとも——他の人と同じ魂をもっているからである。

44

## 階級差別が人類に共通する病根である

カーストによる差別が、あまりにも深くわたしたちインド人のあいだに根を張ってきたために、それはまた、インドのムスリムやキリスト教徒、あるいはそのほかの諸宗教の信者たちにも影響してきた。階級の障壁が、大なり小なり世界の他の地域でも見られるというのは事実である。このことは、階級差別が人類に共通する病根であることを物語っている。それは、真の意味での宗教のねばり強い説得があって、はじめて除去できよう。わたしは、どんな宗教の聖典にも、そうした障壁や差別が是認されているのを見たことはない。宗教の目からすれば、人はみな平等である。学識、知性、財産などは、それらを持たない人たちにたいして優位を誇る権利を与えるものではない。もしある人が、真《まこと》の宗教の浄化された真髄を学び、修行を積んで聖化されたなら、その人は自《みず》から、いまだ彼の境地に至っていない人びとに、己の得たものを分かち与えるのを義務とみなすはずである。なるがゆえに、今日の堕落した状況では、真の宗教はわたしたちすべての者に、自らすすんでアティシュドラス❖になることを求めるのである。

持てる者は自らを、財産の所有者とみなすのではなく、受託者とみなさなければならない。そして、それを社会の奉仕に役立たせ、自らは委託された奉仕活動にたいする公正な報酬だけを受けとらなければならない。この信託制度のもとでは、だれひとり貧者はなく、金持ちもなくなるだろう。そのとき、宗教から生じる軋轢も、カーストの争いも、経済的な不平不満もすべて、地上の平和をかきみだすことはなくなるだろう。

❖ **アティシュドラス**……カースト制度第四階級シュードラよりも身分の低い層、すなわち不可触民。

## 45
## 女性の役割

もし社会が、対立する国民どうしの狂える戦争によって破壊されてならないなら、また、いっそう狂気じみた戦争によって社会の道徳的基盤が破壊されてならないなら、女性こそがその役割を発揮しなければならない。いくらかの女性たちがそうしようとしているように、男たちのように猛々《たけだけ》しくというのではなく、女性らしく、その役割を発揮すべきである。女性は男性の能力――ほとんど目的もなく、やたら生命を破壊する能力と張り合ったところで、人間性を高めることにはならないだろう。そんな誤れる男性を、彼の過ちから引き離すことをもって女性の特権にさせようではないか。

46

## 平和の術を教えるのは女性に与えられた使命である

アヒンサーとは無限の愛のことであり、それは、受難に耐える無限の能力《ちから》を意味する。人の母たる女性を措《お》いて、誰がこの能力を最大限に発揮するだろうか。母は9ヶ月［原文ママ］のあいだ子を胎内にやどして育て、苦痛のうちにも歓びを見出す。陣痛の苦しみを凌ぐ何があろうか。しかし母は、創造の歓喜《よろこび》のうちに、そうした一連の苦痛を忘れる。また、嬰児が日々成長できるよう、毎日の苦労をいとわぬのは誰か。母をして、その愛を全人類に向けさせようではないか。かつて彼女が男性の欲情の対象であったことや、対象になりうることを忘れさせようではないか。そうすれば女性は、男の母、育ての親、静かな導き手として男性と肩を並べる、誇らしい地位を占めるだろう。平和の甘露を渇望しつつ戦いを続ける世界に、平和の術《すべ》を教えるのは、女性に与えられた使命である。女性は、書物が与える知識を必要とはしないが、受難と信仰から習得する強靭な心を必要とするサッティヤーグラハの指導者になれるのだ。

47

思うに、この国の正しい教育は、女性に、夫にたいしてさえ「ノー」という術《すべ》を教えることであり、また、妻が夫の掌中のたんなる道具や人形になることは、けっしてよき妻の義務《つとめ》ではないことを教えることである。

48

女性の直観はしばしば、知識においてまさっているという男性の高慢な思いこみより、はるかに真実を語ってきた。

49

わたしは、インドの救済はいつにかかって、この国の女性の犠牲と啓発にある、との確固たる信念をいだいている。

50

## 女性のほんとうの装身具は品性である

女性のほんとうの装身具は、その女《ひと》の品性、すなわち純潔である。金銀や宝石はほんとうの装身具にはなりえない。ほんとうの装飾は、金銀宝石を体いっぱいにつけることにではなく、心を清め、魂の美しさを高めることである。

51

## 女性は男性よりも気高い

男性自身が責任《せめ》を負うべき、すべての罪悪のなかで、人類のよき伴侶《ベター・ハーフ》——それは、わたしにとっては女性であり、弱き性ではない——にたいする侮辱ほど下劣で、あきれはてた、残忍なものはない。なぜなら女性は、男性よりも気高いからである。今日でさえ、女性は犠牲、無言の受難、謙譲、信仰心、知恵の化身である。

52

## 互いに他を補完し合う

男性と女性は、本来一つなのだから、彼らの問題も、本質的には一つであるはずである。男性の魂《こころ》も女性の魂も同じである。両性は同じ生命《いのち》を生き、同じ感情をもっている。それぞれの性は、互いに他を補完し合うようにできている。一方は、他方の積極的な助けなくしては生きていけない。

## 53
## 魂の純粋さ

子どもたちは両親から、身体的な特徴と同様、性格や気質を受け継ぐ。もちろん、環境は重要な役割を果たすが、子どもが人生を始めるもとでとなるのは祖先から受け継いだものである。わたしはまた、子どもたちが劣性遺伝の影響をうまく克服することも知っている。それは、魂の本来的な属性である純粋さによるものである。

## 54
## ほんとうの教科書は教師である

教科書について、わたしたちはいろいろ耳にしてきたが、わたしはその必要を感じたことはなかった。入手可能な本であっても、多く利用したという覚えすらない。子どもたちにたくさんの本を与える必要があるというふうにわたしは思わなかった。わたしはつねづね、生徒にとってほんとうの教科書は教師だと思ってきた。わたしの先生方が書物からわたしに教えてくれたことを、わたしはほとんど記憶していない。書物を離れて教えてくれたことは、今日でも鮮明に覚えている。子どもたちは、目をとおしてよりも、耳をとおしてはるかに多くを楽々と身につける。わたしはどんな本も、子どもたちといっしょに、初めから終わりまで読みとおしたという記憶はない。しかしわたしは、自分がいろいろな本を読んで消化したことを、すべて自分の言葉で子どもたちに話して聞かせた。そして子どもたちは、いまでも心にそれを覚えているものと断言してはばからない。子どもたちは本から学んだことを覚えるのには骨が折れたが、わたしが口をとおして彼らに語りかけた言葉は、いともやすやすと、その場で繰り返すことができた。本を読むというのは、子どもたちには厄介であったが、わたしの話に耳を傾けるのは喜びであった。わたし自身が疲労や、その他なんらかの理由でだらけて興がのらず、子どもたちを退屈させないかぎりは、わたしの話にはねかえってくる質問から、わたしには子どもたちの理解力の程度が判断できた。

## 55
## 陰日向のない実物教育

遠く離れたところにいる教師が、彼の生活態度によって生徒たちの精神《こころ》に影響をおよぼすことは可能である。もしわたしが嘘つきだとしたら、少年たちに真実《まこと》を説いて聞かせても無駄だろう。臆病な教師は、うまく少年たちに勇気をいだかせることはできないだろうし、自己抑制と無縁な者は、生徒たちに自己抑制の価値を教えることはできないだろう。したがって、わたしはわたしと生活を共にしていた少年少女たちにとって、いつも陰《かげ》日向《ひなた》のない実物教育にならなければならないことに気づいたのである。こうして、生徒たちがわたしの教師となり、わたしはひたすら彼らのために、正しく真直ぐに生きなければならないことを学んだのである。わたしがトルストイ農場❖で自らに課した規律と自己抑制（それはますますきびしくなっていった）は、ほとんどがわたしの被保護者［生徒］たちのお蔭であったと言えるかもしれない。

❖ **トルストイ農場**……南アフリカ時代にガンディーが設立した同志たちの家族との共同生活のための農場。

## 56
## 体罰より精神的な教育をほどこす

わたしはいつも体罰［教育］に反対してきた。ただいちどだけ、息子の一人に肉体的な罰を加えたことを記憶している。それゆえわたしは、今日までずっと、定規を用いて息子を叩いたのは正しかったか、間違っていたか決めかねている。たぶんその行為は適切さを欠いていただろう。なぜならそれは、怒りにかられた行為であったし、罰してやろうとの下心があったからである。それがただひたすら、わたしの苦悩の果ての表現であったなら、わたしはそれを正しかったと考えたことだろう。しかし、この場合《とき》の動機は複雑であった。［いずれにせよ］この出来事によって、わたしは生徒たちを矯正する、よりよい方法を考え、学んだ。その方法を問題の場合に適用してうまくいったかどうかはわからない。若者はまもなく出来事を忘れた。そしてわたしは、息子がそのことでずっとよくなったとは思わない。しかしその出来事があって、わたしは生徒たちにたいする教師の義務をいっそうよく理解するようになった。少年たちのほうでは、その後もしばしば同じような非行をしでかしたが、わたしは二度と体罰を加えることはなかった。このようにして、わたしのもとで学ぶ少年や少女たちに精神的な教育をほどこそうとするわたしの努力の過程で、わたしは精神の力をいっそうよく理解するようになったのである。

## 57
## 肉体労働を蔑視するような教育をしてはならない

子どもたちには、知識ばかりを詰めこんで、肉体労働を蔑視するような教育をしてはならない。

## 58

愛の法則は、幼児期にもっともよく理解され、学ばれる。

## 59
## 叡智は幼子の口から語られる

実のところ、わたしは何百――わたしはいま何千と言おうとしていた――という子どもたちについての豊富な経験から、子どもというものはあなたがたやわたしよりも、はるかに洗練されたユーモアの感覚をもっていることを、わたしは知っている。わたしたちが己を低くし、謙虚になれば、わたしたちは学識ある成人からではなく、いわゆる無知な子どもたちから、人生最大の教訓を学ぶことになるだろう。イエス［キリスト］が、叡智は幼子《おさなご》の口から語られる❖と言ったとき、このうえなく高邁で立派な真実を語ったのだ。わたしは、イエスのこの言葉の真実《まこと》を信じている。わたしたちが謙虚で純真無垢な態度で幼子に接するなら、幼子から叡智を学ぶだろうということを、わたしは自らの経験をとおして知ったのである。

❖ 「マタイ伝」18・4。

解説

# 「サルボダヤ(万人の幸福)に向かって」

「サルボダヤ（万人の幸福）」は、マハートマ・ガンディーにとっては、彼が生涯を献《ささ》げて闘った祖国インドの政治的独立の遥か彼方を見はるかす究極の努力目標であり、悲願であった。それゆえに、ガンディーの全生涯は「サルボダヤ」の探究と実現にあったと言っても過言ではない。「サルボダヤ」の本義は、宗教や教義、カーストや性別、貧富や社会的地位などに関係なく、万人が人間の平等の原理にもとづき、精神的・物質的に共に栄え、共に興隆することを意味する。この理想は、紀元前5世紀に仏教と相並んで現出したジャイナ教にその淵源を発するといわれるが、ガンディーはこの古代インドの伝統的思想に新しい時代の光をあて、現代によみがえらせたのである。

若き日、南アフリカで同胞の人権問題に立ちあがってまもないころ、あるときガンディーは、所用でヨハネスバーグからダーバンまで丸一日の汽車旅行をしたことがあった。そのとき、ヨハネスバーグの駅頭に見送りに来てくれたイギリス人の友人が、車中で読むようにと1冊の本をガンディーに手渡した。それは19世紀イギリスの著名な社会思想家ジョン・ラスキンの『この最後の者にも』（1862）であった。「その晩わたしは眠れなかった」と、ガンディーはこの運命の書との出会いについて記している。――「その本はいちど読みはじめると、途中で中断することはできなかった。それはわたしの心をつかんだ。ヨハネスバーグからダーバンまでは24時間の汽車の旅であった。汽車は夕刻にダーバンに着いたが、わたしは、その夜はほとんど一睡もできなかった。わたしはこの本に書かれた理想に従ってわたしの人生を変革しようと決意した。……わたしはのちに、その本に『サルボダヤ』という表題をつけて［母語グジャラート語に］翻訳した。」［なお、翻訳は、1908年にガンディーの主幹した週刊紙『インディアン・オピニオン』紙に連載され、のちに単行本として出版されたが、帰国後、1919年に第一回非協力運動が開始されると、ボンベイ政府は、彼のもう一冊の著書『ヒンド・スワラージ（インドの自治）』とともに、同書を禁書とした。］

ラスキンの『この最後の者にも』を読んで、ガンディーは三つの人生教訓を学んだという――

⑴ 個人の善は万人の善のなかに含まれる。

⑵ すべての人がそれぞれの労働から生計を得る同じ権利をもつ以上、弁護士の仕事と床屋の仕事は同じ価値をもつ。

⑶ 労働にいそしむ者の生活、すなわち土を耕す者の暮らしと手工業者の暮らしは、ともに生きがいのある生活である。

そしてガンディーは、「これらのうち、第1のものはすでによく承知していた。第2はぼんやり漠然と理解していたが、第3は、これまで気づいていなかった」と言い、夜が明けると、早速その理想の実現に乗り出した。こうして南アフリカにおける最初の共同生活のための農園「フェニックス・セトゥルメント」が設立された。共同生活者たちは、能力に応じて平等に仕事を分担し、収益を分かち合って「共に栄え、共に興隆する」サルボダヤの理想を目ざしたのである。

こうして、「サルボダヤ」、すなわち「万人の（平等と）幸福」が、ガンディーの社会・経済ならびに倫理思想の基本理念となった。しかも、ガンディーの言う「万人」は、すでに述べたように、あくまでも「個」の集合体としての「万人」であり、いわゆる最大多数の最大の幸福をスローガンとし、そのためには弱者や落伍者を平然と切り捨てる、世の政治家たちの言う「万人」ではなかった。むしろそれは、最後の一人までを救済の対象とする仏陀の慈悲行につうじる宗教的救済を思わせるものであり、多数者の福利を先行させるためには少数者の犠牲や格差をやむなしとする非情な現実主義とは本質を異にするものであった。

なぜガンディーは、それほどまでに個としての人間の命を尊《たっと》んだのだろうか。人間の生命はもともと、大いなる宇宙生命から飛び散った火花のごときものであり、したがって時空のなかの制限された個々の生命は、大いなる宇宙生命と根源を一《いつ》にすると、古来インドの賢者たちは教えてきた。そしてガンディーも「すべての生命は本質的には一《ひと》つであり、人はみな意識するとしないとにかかわらず、生命の同一性の認識の方向に向かっているのだという信念、または哲学に共感」【8】していたからである。人間の生命をここまでつきつめて考えるとき、「生命の平等」の原理はあらためて論じるまでもない。われわれが現象世界に実際に見る人間のさまざまな知的・肉体的強弱や優劣、社会的・経済的不平等や差別は、しょせん人間の目が「アヴィドヤー（無明・無知）」に覆われているからである。それゆえ人が、欲望や憎悪、利己心や自惚れを捨てて、ひとたびアヴィドヤーの霧が霽《は》れるとき、人は透徹した心で歓喜《アーナンダ》に至ることができると、インドの悟れる人たちは説いてきた。

しかしガンディーは、一方で、悟れる人たちの深遠な言葉に耳を傾け、共感を覚えながらも、他方で、彼の周囲に生きる悟れぬ人たちのあまりにも凄惨な暮らしや、理不尽な不平等に目を閉じ、諦観してはいられなかった。しょせん、人間が生きるのはこの不条理なアヴィドヤーの世界でしかないことを思えば、人間本来の基本的平等のままならぬ現実世界に怒り、それを正さなければならぬと考えるのは自然の理《ことわり》であろうと、ガンディーは考えた。人間の魂の内奥にやどる「神の火花」を尊ぶあまり、泥沼に苦悩する人間を容易に肯定することをガンディーは拒否した。彼は冷静に人間存在を観察して言った——「［この世には］救いがたいほどの悪人はいない。［またいっぽう］自分勝手に、［相手を］度しがたい悪人ときめつけ、他人を抹殺する権利をもつほど完全な人はいない」【2】と。それでも、彼は人間性を疑い、人間に失望することはなかった——「わたしは人間性を疑うことを拒否する。

人間性はいかなる相《かたち》のものであれ、高貴で友好的な行為には反応するだろうし、また、かならずや反応するからである」【3】と、人間性への信頼を告白した。

ゆえに、人間のほんとうの幸福感は、たんなる物質的な富や権力の獲得によってではなく、精神的な歓びや充足感によって得られることを、ガンディーは繰り返し述べた――「円満な、知的・道徳的成熟と結びついた幸福こそ、追求されるべき目標である」と。ちなみに、ガンディーがここで「わたしは道徳的という形容詞を、精神的という語の同義語として用いている」【4】とことわっているのは、ガンディー思想全体を読み解く重要な鍵である。

こうしてガンディーの人間観察・凝視はさらに続く――「人間はたんなる知的存在ではないし、粗野な動物的・肉体的存在ではない、かといって、心すなわち魂によってのみ生きているのでもない。全的な人間を形成するためには、これら三つのすべてから成る適切な結合が要求される」【5】。ゆえに、「人間の知性や社会は、政治的・宗教的などと呼ばれる完全に分離した専門分野に仕切られてはいないことを、わたしは断言する。人間の事象万端は、互いに相呼応し、相反応し合うものである」【6】。したがって、「人生は不可分の全体であり、そのために、それぞれ異なる分野を線引きすることはできないし、政治と倫理を分けることはできない」【7】との信念に立って、あえてガンディーは、政治に倫理を持ち込むことを拒まなかった。

歴史的人格としてのマハートマは、一般には「インド独立の父」と呼ばれるとおり、彼の政治的分野での活躍と貢献は、彼の生涯をかけた大事業であった。しかし、ガンディーの念願した独立は、ただたんに、18世紀以来ヨーロッパ列強に奪取されたインド国民の政治的実権を、ふたたび同胞の手に奪還することではなく、そうすることによって、インドとインド人の手に、個人の自由と平等にもとづく真の民主主義社会をもたらすことであった。彼は言った――「もし個人の自由が重要視されなくなったら、社会はどうなるだろうか。個人の自由があればこそ、人はすすんで社会奉仕に自らを完全にささげることができるのだ。もし個人の自由が彼から奪われるようなことがあれば、彼はただの機械人間になりはて、社会は崩壊するだろう」【15】と。また言う――「個人の自由と相互依存は、両方とも、社会生活にとって必要不可欠なものである」【18】。

しかし、言うまでもなく、個人の自由は欲望の赴くままに、不羈奔放に我欲を追求することを許さない。曰く――「平和と自由のために闘う者の一つの条件は、自制心を身につけることである」【19】。「個人の自由は、たしかにある程度までは、人間だれにも許されている。［しかし］人は、自分が社会的存在であり、彼の私的な自由は、ことごとに削減されなければならないことを忘れてはならない」【20】。

今日世界には、民主主義の旗じるしのもとに、強力な暴力《ちから》［軍事力］を用いてまで、他国民の政治や経済・社会生活に介入して、自国の主張する民主主義を拡大しようとする国家主義《ナショナリズム》が幅を利かせている。しかしガンディーの言うように、「民主主義と暴力は両立できない」はずであり、「今日、名目上は民主主義をうたっている国々は、［仮面を脱いで］あからさまに全体主義国家にならざるをえないか、それとも、真に民主主義的にならなければならないというのであれば，勇を鼓して非暴力の道を選ばなければならない。非暴力は個人だけが実践できるものであり、個人から成り立つ国家にはけっして実践できない、などというのは冒瀆である」【24】。

人間と、社会・経済における万人の、ガンディーの平等観は、ロシア革命本来の理想と多くの点で酷似していた。なによりも帝政ロシア時代の過酷な圧政に抗して農奴や労働者たちが自らの権利を声にし、地上からいっさいの不平等と貧困を排除しようと願った共産主義革命の理想は、そのままガンディーのサルボダヤの基本理念でもあった。かつてガンディーは、人間の平等をこのように譬えた――「人体で、頭は体のいちばん上にあるからといって高くはなく、足の裏は土地に接しているからといって下賤ということにはならない。人間の体で、手足もそれぞれの部位もみな平等であるように、社会の成員もみな同じである……そこでは、王も百姓も、傭い主も傭われている者も、みな同じ位置に立っているのだ」と。

たしかに、自らを「理想的な共産主義者」などと称したともいわれるガンディーのサルボダヤの平等観と、ロシアの革命的指導者たちが目ざした「階級なき社会」とは、同じ一つの方向を志向していた。ただ目的を達成するための手段・方法において、両者の主張はいちじるしく相違していた——というよりも対照的、正反対であった。まず第一に、ロシアの革命家たちが、目的達成のために暴力を容認・肯定し、暴力《ちから》によって革命を成功させようとしたのにたいし、ガンディーはあくまでも非暴力を主張して言った——「彼ら［ボルシェヴィストたち］は暴力と、暴力にもとづくすべてをあからさまに信じるが、わたしはあくまでも非暴力に固執する」と。

つぎに、ガンディーとボルシェヴィストとのもうひとつの注目すべき相違点は、ロシアの共産主義者たちが全体主義を標榜し、全体の福祉や発展のためには、個人の自由を犠牲にし、無視するのをやむなしとしたのにたいし、ガンディーは、すでに述べたように、個人の自由と解放のないところには、全体の福祉や発展はないと考えたことである。それゆえにガンディーは、強力な政府の「中央集権化」に反対し【27】、「地方分権化の必要」を説いた【29】。「わたしは、国家権力の増大を、限りない憂慮をもって見守っている。というのは、それは明らかにいっぽうでは、搾取を最小限に抑制することでよい方向にはたらいているように見えるが、他方、あらゆる進歩の根底にひそむ個人の人格性を破壊することで、人類に害をなしているからである」【28】。

もちろんガンディーも、「どのような政府もうまく完全に非暴力的になるなど、できない相談である」【26】と、現実の政治の場での非暴力の実現のむずかしさ、というより、それが不可能なことをじゅうぶん承知していた。「わたしは今日、非暴力の政府というような黄金時代を心に思い描いているわけではない。それでもわたしは、おおむね非暴力的な社会の可能性は信じている。だからこそわたしは、そうした社会の建設のためにはたらいているのだ」【26】と、己の信念を告白し、たとえそれが不可能だとわかっていても、微《かす》かな一縷《いちる》の望みがあれば、信じるところに向かって力のかぎりを尽くすのが、ガンディーの方法であった。

たしかにガンディーも、サッティヤーグラハ闘争に臨んで、サッティヤーグラヒ［同運動の戦士たち］に「自己犠牲」を求めたが、「真の自己犠牲」は、イデオロギーや、集団の命令や強制・指導によっておこなわれるものでなく、あくまでも自己の内発的な献身によらなければならない、と説いた。このばあい、他者の生命を殺傷するために生命を投げ出すのではなく、自己の生命を苦痛の祭火に供することで、相手の良心を目覚ましめるのでなければならないと、ガンディーは繰り返し説いた。

それゆえガンディーは、目的達成への最短距離――すなわち暴力の道を選ぶことはなかった。彼はつねに、いついかなるときにも、彼のいわゆる「目的と手段」の黄金律に固執したのである。人がひとたび、最短道に足を踏みこめば、かならずや挫折と崩壊へと直行することを知っていたからである。

ガンディーは日々――獄中の日々も、朝な夕なに神に祈り、聖典『バガヴァッド・ギーター』の読誦を怠ることはなかった。彼がイェラヴァダー刑務所からアーシュラムの門弟たちに書き送った『ギーター』の連続講義は、まさに人生の戦場に臨む［ちなみに『ギーター』は、古代インドの同族戦争を背景に語られた神の言葉である］生きた信仰の書である。ガンディーと牢獄の苦汁を共に嘗《な》めたある人は、ガンディーの獄中生活を敬虔な祈りと瞑想、狭い空間でなしうる精いっぱいの労働――紡ぎ車を回す日々であったと伝えている。1948年1月に、ガンディーが暗殺者の凶弾に胸を撃たれて斃《たお》れたときも、彼の唇には「ヘ・ラーマ」と、日頃信奉してやまなかった神の御名がつぶやかれていたという。

ことほどさように、ガンディー自身の信仰心は深く、篤《あつ》かったが、その日の食にも事欠く貧しい下層の人びとや子どもたちには、天上の神の話も、遠い地平の彼方に虹色にかがやく独立への夢も、すべてがナンセンスであることをガンディーは知っていた。「貧しい人たちにとっては、経済的なこと［食うこと］はそのまま精神的なことである。飢餓線上にある無数の人びとには、経済的なこと以外に訴えることはできない。その他のことでは、彼らの心をとらえることはできないだろう。けれども、あなたがその人たちのところに食べ物をたずさえるなら、彼らはあなたを神とみなすだろう。彼らには、それ以外のことは考えられないのだ」【34】と、ガンディーは言った。

また言った——「仕事のない飢えた民衆にとって、神が姿を現わすことのできる唯一目に見える形は、仕事と、その報酬である食物の約束である。……インドに紡ぎ車を導入したのは、ほかならぬ飢餓である。……わたしたちは、いまや動物以下の生活を強いられ、ほとんど半死半生の状態にある幾百万という民衆に思いをはせなければならない。紡ぎ車はいわば、瀕死の無数の男女にとって、蘇生の水滴である」【35】と。

けれども、日ごと生きるか死ぬかの、文字どおり赤貧洗うがごとき貧者の差し出す物乞いの手に、ガンディーは世の政治家たちや慈善家たちのするように、その場をしのぐ一枚のチャパティ［インド式パン］や小銭よりも、自助・自立の手段としての簡易な紡ぎ車を与えたのである。彼は広く一般から、わずか数ルピーで農村の大工や鍛冶屋にも作れる紡ぎ車の寄付を募り、それを貧しい人びとに配ったのである。

もうかれこれ30数年前のことである。筆者は「私のガンディー旅行」と銘うって、インド全土にガンディーゆかりの地と、年々数少なくなってゆく有名無名のガンディー関係者たちを訪ねて歩いたことがあった。そのとき筆者は、アフマダーバード市郊外の、今日も戸ごとにチャルカー（紡ぎ車）を回わしつづけている辺地の農村で、村の古老からチャルカーが導入された当時の思い出話を聞くことができた。村は貧しく、土地を私有する農民はほとんどなく、ガンディーの言うように、村人たちは農繁期を除いて手間仕事もなく、「半年間はほとんど半死状態でいなければならなかった。」あるとき遊説に村に立ち寄ったガンディーが、村人たちに「紡ぎ車」を実演して、楽しさを語った。それから何日か後に、「ボランティア」と呼ばれていた白いガンディー帽をかぶった若者たちのグループが村にやって来て、村人たちにチャルカーの回わし方を指導してくれた。仕事のない手持ちぶさたな村人たちが、老いも若きも、男も女も村の空き地に集まって、日がな一日チャルカーを回わして談笑するようになった。古老の話では、真夏でも灼熱の太陽が西に沈むと、それぞれの草屋から村人たちがチャルカーを持って戸口に坐り、一斉にからからと車のハンドルを回わした（ガンディーはこれを「チャルカーの音楽」と呼び、喜んだ）。出来上がった紡ぎ糸は、廉価ではあったが、ガンディーが全国的に組織した「カーディー（手織綿布）協会」に買いとられ、ホームスパンに織られて広く都市や町々で販売された。

こうしてチャルカーは、貧しい村人たちの糊口をしのぐ生活手段になったばかりではなく、彼ら一人ひとりに、自分たちもマハートマの大事業に参加しているのだという民族の連帯感をいだかせ、国民の民族意識はいやがうえにも高まった。「チャルカーの音楽」を聞きながら、民衆はスワラージ［独立］が近づきつつあることを感じていたという。

けれどもいっぽう、第一回非協力運動のさなか、イギリス製衣類へのボイコット運動が盛んになったとき、性急なナショナリストや若者たちが、道行く人たちから追剥《おいはぎ》まがいに外国衣を脱がせ、商店から商品を持ち出して広場にうず高く積みあげ、火を放ち、燃えさかる炎を囲んで叫び、踊りまわるという光景も見られた。民衆のこうした行き過ぎたナショナリズムの熱狂を見て、詩人タゴールは深く心を痛め、悲しんだ。この狂気は、ガンディーのもっとも忌み嫌う憎悪や暴力と紙一重ではないか、とタゴールは危惧した。国民のガンディーへの信望が篤《あつ》ければ篤いほど、彼らの盲信、盲従も高ぶってゆくのが手にとるように見えた。そのころ、アジア人として最初にノーベル賞（文学賞）を受賞した詩人は、いよいよ世界市民としての自覚を強め、ヨーロッパやアメリカ、日本を歴訪して、東西文化の協調と、偏狭なナショナリズムの危機を説いて、インドに帰国したばかりであった。そんな彼には、外国製品や公立学校のボイコット、身分称号の返還運動などは、どうみても声高《こわだか》な、近視眼的なナショナリズムの宣伝活動としか思えなかった。

早速タゴールは、ガンディーに書簡を送り、国家の現状を憂慮し、その将来に警鐘を鳴らした。こうして近代インドの天空にひときわ燦然とかがやく二つの「魂の巨星」のあいだに、それこそ火花を散らすような論争が交わされた。名著『タゴールの生涯』(森本訳、第三文明社)の著者K・R・クリパラーニがいみじくも言ったように、「タゴールが惧れたのは、ガンディーの排他心ではなく(彼は、マハートマがそうしたものを越えていることを知っていた)、愛国熱を醸成するためには偏見や激怒《いかり》を煽ることも辞さない追従者たちの排他心であった。」

また、生涯にわたって二人との親交を深めつづけたフランスのノーベル賞作家ロマン・ロランは、論争の意味を以下のように、みごとに解説している——「タゴールとガンディー、これら二つの偉大な精神のあいだの論争は重要である。彼らは互いに他を尊敬欽仰《きんぎょう》しながら、聖者と使徒、聖パウロとプラトンとのように、その心情において運命的に違っている。なぜなら一方[ガンディー]は、新しいヒューマニティの樹立をめざす信仰と慈悲の精神である。そして他方[タゴール]は、全人類の念願を、同情と理解において結合する、自由な、広大な清澄の知性である。」

論争の最後[本文【35】]に、ガンディーは詩人に向かって、〈詩人は沈黙されたい〉と乞う(あるいは命じる)悲壮な手紙を送り、「詩人も毎日30分糸を紡ぐなら、彼の詩はいっそう豊かさを増すだろう」【36】と、国民的詩人タゴールにも、紡ぎ車の前に坐るよう懇願した。

ガンディーはつねに、政治的独立と、社会的・経済的平等の達成は不可分にして一《いつ》であることを説いた。彼と同時代の、あるいは後出のアジアやアフリカ、南米諸国の独立運動の指導者たちが、民族の政治的独立を最優先課題とし、国内の経済・社会問題を独立後の問題としたのにたいし、ガンディーは政治的独立の獲得と、国民の自助・自立を、車の両輪のように同時に進行させることを提唱した。そのためにしばしば、政治的独立の急務を叫ぶ若い性急な愛国者たちや、目的のためには暴力の使用もいとわぬ左派急進派の指導者たちから反対され、歯がゆがられた。

しかしどのような批判を受け、誹謗されようとも、スワラージ（自治）の達成と、貧困の撲滅、人間の平等——とりわけ不可触民制の排除は、ガンディーに言わせれば、同次元における「サルボダヤ」への道であった。ガンディーにとっては、紡ぎ車は、ロシア革命における暴力に相当する、しかも本質を異にする「人類最上の」ユニークな革命の手段であった。「非暴力的な方法でわたしたちが求めているのは、資本家を打倒することではなく、資本主義を打倒することである」【39】と、ガンディーは明言した。人類史に繰り返されてきた革命においては、ややもすれば労働者や農民たちは、打倒すべき「主義」と「人」をとり違え、支配者や地主や資本家への憎悪や積怨から、彼らの土地や財産を奪って土下座させ、石つぶてをもって彼らを追放することを革命の目的としてきた。しかしガンディーは、「私有財産を所有する人たちから財産をとりあげたいとは思わない。……わたしはだれからも財産を奪いたいとは思わない。［なぜなら］そうするとき、わたしは非暴力《アヒンサー》の法を逸脱することになるだろうから」【32】と、あくまで革命における非暴力の法を固持した。革命家たちに向かって、まず第一に「［インド］300万の半飢餓者たちに衣類と、いまよりましな食べ物を与えるまでは、あなたがたにもわたしにも、いま実際に所有している物を自分の物だと言う権利はない。あなたがたもわたしも、もっとよく実態を知るべきであり、自分の欲望を制御しなければならない。……わたしたちは自らすすんで、飢餓［空腹］に耐えなければならない」【32】と説いた。

それでは、ガンディーの目ざす革命とは何か。「経済的平等こそは、非暴力の独立の扉を開く親鍵《マスターキー》である。経済的平等のために働くということは、資本と労働のあいだの葛藤をなくすことを意味する。このことは、一方では国家の富の大部分をその掌中に集めている少数の金満家たちの富を均《なら》すと同時に、他方では、半飢餓・半裸状態の大衆の水準を引き上げて均一化するということである」【38】と、ガンディーは考えた。

しかし、言うところの経済的平等とは、国民の富を国家が権力をもって収奪・管理し、これをいわゆる数学的に平等に分配することを意味しない。なぜなら、そのような機械的平等は、人間性の本然にそぐわぬものであり、国家権力による再配分はすでに新たな不平等の種子《たね》をやどしているからである。（ガンディーの予言は、戦後、共産主義諸国家によって実証されたとおりである）。

いっぽう、いつまでも不平等に目を向けず、貧乏人や弱者の不平・不満を放置し、持てる者と持たざる者のあいだの越えがたい溝を存続させているかぎり、資本家と労働者、地主と農民のあいだの敵意と対立、憎悪と葛藤は永久に拭い去ることはできない。「金持ちたちが富と、富が賦与する権力を自らすすんで放棄し、それらを公益のために分配しなければ、いつの日にか、血なまぐさい暴力革命が起こること必定である」【38】と、ガンディーは警告した。また言う―「ザミーンダール［地主］や資本家たちが［これまでのように］小作人や労働者を抑圧しつづけるようなことがあれば、あなたがた［地主］は生き残れなくなるだろう。これからはあなたがたは、彼らにたいして主人《あるじ》としてではなく、仕事仲間や友人として接し、受託人としてふるまわなければならない」【40】と。

こうして考えに考えぬいた末に、ガンディーはきわめて精神的・人間的なユニークな非暴力の解決方法を着想した。これが、ガンディー独自の経済理論「信託制度」である。彼はここで、「資本家に、資本の形成と保有、増殖に彼らが依存してきた人たち［労働者たち］の受託者と自らをみなすよう呼びかける」【39】。

ガンディーは想う。たとえば、地主が土地の私有権を主張して、大地に杭を打ち、鉄線を張りめぐらせたとしても、もとをただせば、地球上のすべての土地は、神が人間や動物たちを住まわせるために創造したものであり、たとえ一坪、半坪の土地といえども、地主が自分で創《つく》ったものではない。土地はすべて、神の意志によって、万人と生き物に帰属すべきものである。ところが人間は、ときとしてその所有権をめぐって隣人と不仲やいさかいをひき起こし、さらに、村人と村人、国民と国民が武器を持ち出して殺し合いまでやってのける。ガンディーによれば、土地の私有権を主張する地主たちは、実際には万人に帰属すべき土地の管理を信託されているに過ぎない。同様に、資本家も万人のものである資本の管理・運用を託された被信託人である。彼らには人びとから託された土地や資本を、より有効に利用・運用して、より多くの利益を信託人に還元し、奉仕する義務がある。

ガンディーがこの経済理論を公にしたとき、世の人びと（ブルジョアジーもプロレタリアートも）は、驚きにわが耳を疑った。彼らはマハートマの理論の真意と可能性をはかりかねた。とりわけ、保守派・進歩派を問わず、経済学者や評論家たちからは、その論拠があまりにも人間性の善意にすがる、理想論・夢想だとしてあきれられ、一笑に付された。ガンディー自身も「その理想を実現するのはむずかしい。それは、非暴力が達成しがたいのと同じである」【38】ことは、百も承知であった。しかし、「わたしはどんなに揶揄や嘲笑を浴びようとも、わたしの提唱する信託制度の信条に固執する」【38】と、きっぱりと反論した。以来、彼は死のときまで、信託制度の信念を国民のすべての階層に向かって説きつづけ、数多くの理解者と協力者を獲得して、独立後のインド独自の土地改革運動「ブーダーン運動」へと発展させた。

ガンディーはこのように、国民の経済的不平等を怒り、その是正に力を尽くしたが、同様に——あるいはそれ以上にというべきか——社会の不平等、格差、差別を激しく怒った。ましてやそれが、宗教や伝統、社会慣習の名のもとに認可されるときは、人間の無知、不条理、冷酷さ、残忍性に憤然といきどおり、「否《ノー》」と叫んだ。彼自身は、カースト・ヒンドゥー［ヒンドゥー上位三カースト］の第三階層の比較的裕福な家庭に生まれ育ったが、幼少年のころから、周囲の大人たちの不可触民にたいする理不尽な差別やいじめに言いしれぬ反感をいだいたという。長じて、南アフリカで政治活動に入ったときも、彼は白人社会のインド人蔑視を憤慨すると同時に、同胞内部の醜悪な社会差別を嫌悪した。ガンディーは終生、不可触民制の撤廃のために、高位カーストや聖職者たちの無理解や、一般社会の非情を告発しつづけた。「わたしは、どんな宗教の聖典にも、そうした障壁や差別が是認されているのを見たことはない。宗教の目からすれば、人はみな平等である」と、差別を当然とする高慢な宗教者たちに物申した［このことは、ガンディー暗殺の重要な一因となった］。

1932年にガンディーがイェラヴァーダー刑務所内で、不可触民の分離選挙制度に反対して［イギリス政府はこの法案を、不可触民の権利の擁護のためとしたが、ガンディーはそれこそ恥ずべき不可触民制を永久に存続させるものだとして承認を拒否した］、彼の生涯の数々の断食のなかでもとりわけ有名な「死に至る断食」［要求が聞き届けられないばあいは、死に至るまで断食を続行するというもの］を決行した。ついに政府は法案を断念したが、そのときもガンディーは、右派の高位のバラモン層ばかりではなく、独立を民族の最優先課題とすべしと叫ぶ、左派の愛国主義者たちから、いま国内の不可触民問題に生命を賭けるのは「事の重大性」をはきちがえた愚行であり、国内の経済や社会問題は独立後の努力目標にすればよいではないか、と論難された。しかしガンディーは、頑として聞く耳をもたなかった。彼にとっては、民族の政治的自立スワラージと、独立国民と呼ばれるにふさわしい浄化の道は、いずれが先、いずれが後《あと》という選択の問題ではなかった。

さらにガンディーは、世の男どもから顰蹙《ひんしゅく》を買うのは覚悟の上で、インド社会に伝統的・恒久的にはびこってきた女性蔑視、男尊女卑の因習にも敢然と立ち向かった。わけても「男性自身が責任《せめ》を負うべき、すべての罪悪のなかで、人類のよき伴侶《ベター・ハーフ》――それはわたしにとっては女性であり、弱き性ではない――にたいする侮辱ほど下劣で、あきれはてた、残忍なものはない。なぜなら女性は、男性よりも気高いからである」【51】と、男たちが犯してきた性的犯罪をきびしく弾劾し、「今日でさえ、女性は犠牲、無言の受難、謙譲、信仰心、知恵の化身である」【51】と、固有の美徳をたたえた。彼によれば、女性の強さ、気高さはなんといっても、「子を胎内にやどして育て、苦痛のうちにも歓びを見出す」、母の「無限の愛……受難に耐える無限の能力《ちから》」【46】である。［ちなみに、獄中でのガンディーを知るある人が語ったところによると、マハートマは母の思い出を話すときは、目に涙がうるみ、声までやさしくなったという］。そしてガンディーは、「母をして、その愛を全人類に向けさせようではないか。……平和の甘露を渇望しつつ戦いを続ける世界に、平和の術《すべ》を教えるのは、女性に与えられた使命である」【46】と、人類平和への女性の覚醒と役割を呼びかけた。

またいっぽう、高価な金銀宝石を、これ見よがしに体いっぱいに飾り立てた裕福な高位の家庭の婦人たちに向かっては、「女性のほんとうの装身具は、その女《ひと》の品性、すなわち純潔である。金銀や宝石はほんとうの装身具にはなりえない。ほんとうの装飾は、金銀宝石を体いっぱいにつけることにではなく、心を清め、魂の美しさを高めることである」【50】と、耳の痛い苦言を呈することも忘れなかった。

こうしたガンディーの言葉や呼びかけは、中産階級の教育を受けた女性たちを覚醒させて立ちあがらせ、サッティヤーグラハ運動への参加をうながした。彼女たちはけなげにも、外国衣類やアルコール販売店の前で、暴力的な妨害にもめげずにボイコット運動を展開し、またイギリス官憲の棍棒襲撃《ラーティー》にも立ち向かった。今日も世界的に論じられる知的インド人女性たちの積極的な社会進出は、この期の抵抗運動に負うところが多いと指摘する学者もある。

ガンディーは、古代からヒンドゥー教徒の思想・生活を厳格、かつ詳細に規定してきた『マヌ法典』(5-148) の、有名な「［女は］子どものときは父の、若いときは夫の、夫が死んだときは息子の支配下に入るべし。女は独立を享受してはならない」という聖句（わが国の江戸期の良妻賢母の三徳の教えに酷似している）に、真向から敢然と「否《ノー》」をつきつけて断言した――「思うに、この国の正しい教育は、女性に、夫にたいしてさえ『ノー』という術《すべ》を教えることであり、また、妻が夫の掌中のたんなる道具や人形になることは、けっしてよき妻の義務《つとめ》ではないことを教えることである」【47】と。

本章の終わりに、サルボダヤの理想に向かってガンディーが努力した特筆すべき貢献、教育問題からアト・ランダムにいくつか言葉を選んだ。ガンディーはよく人に「わたしは若いころ、教師になることを夢みていた」とか、「わたしの天職は教師ではなかったか」などと話したというが、彼は家庭でも（少々厳しすぎるきらいはあったが)、アーシュラムでも誠実で熱心な教師であった。彼はなにごとにおいてもそうであったように、自らの体験と実験をとおして、教育問題を考え、語った【56】。彼の教育思想は、すべて「実物教育」をとおして得たものであった。彼の教育の基本理念は、「わたしのもとで学ぶ少年や少女たちに精神的な教育をほどこそう」とすることと、「子どもたちには、知識ばかり詰めこんで、肉体労働を蔑視するような教育をしてはならない」【57】こととであった。そのため子どもたちには、大人たちといっしょに土を耕し、紡ぎ車を回わし、病人や弱者に手を貸す奉仕活動を義務づけた。

教師は教科書の知識を教える機械であってはならない、よき教師は「自分がいろいろ本を読んで消化したことを、すべて自分の言葉で子どもたちに話して聞かせる」【54】のでなければならない、とガンディーは言った。彼は教師や教育者たちに、痛烈な反省をうながした――「遠く離れたところにいる教師が、彼の生活態度によって生徒たちの精神《こころ》に影響をおよぼすことは可能である。もしわたしが嘘つきだとしたら、少年たちに真実《まこと》を説いて聞かせても無駄だろう。臆病な教師は、うまく少年たちに勇気をいだかせることはできないだろうし、自己抑制と無縁な者は、生徒たちに自己抑制の価値を教えることはできないだろう。したがって、わたしはわたしと生活を共にしていた少年少女たちにとって、いつも陰日向《かげひなた》のない実物教育にならなければならないことに気づいたのである。こうして生徒たちがわたしの教師となり、わたしはひたすら彼らのために、正しく真直ぐに生きなければならないことを学んだのである」【55】。

つぎは、知識の教師というよりも、人間と人生の教師であったガンディーの面目を、躍如として伝える一つのエピソードである。筆者は先年、ガンディーの孫の一人で、1987年以来アメリカ南部のキング牧師ゆかりの地に「ガンディー非暴力研究所」を創設して、黒人の人権と世界平和運動に貢献してきたアルン・ガンディー氏と雑誌対談する好機にめぐまれた。そのとき伺った話である——。

ある村の優秀なバラモン［最高位カースト］の青年が、村人たちの期待を一身に集めてイギリスに留学し、ロンドン大学で経済学博士の学位を取得して、いよいよ国家と国民のために力を尽くそうと、意気揚々として帰国した。彼の父は息子に、仕事に着手するまえに、まずガンディーのところに行って祝福を受けるようにと勧めた。青年は早速ガンディーのアーシュラムに出向いて、彼の熱意を伝えた。黙って話を聞いていたガンディーは、祝福を与えるまえに、若いバラモンに、まずアーシュラムの便所掃除の仕事を命じた。［便所掃除は、インド社会では最下層の不可触民の仕事である］。若者はたぶん、ガンディーが彼を試しているものと考え、命に服した。ところが何日たっても、ガンディーから祝福の言葉をもらえなかった。とうとうしびれを切らせた経済学博士は、「あなたは、国家と国民に奉仕したいと願う優秀な人材と才能を、いつまでも便所掃除に埋もれさせておくつもりですか」と、不満をもらした。

するとガンディーは言った——「君が偉大なことができるのはよくわかっているが、君が大きなことと同じように小さなことができるかどうか、まだわたしにはわからない。小さなことも大きなことと同じようにできることがわかったら、君を祝福しよう」と。

青年は後年、独立インドの経済発展に大きな貢献を果したと聞いた。

# 第9章
# 「非暴力」の人生観

1

## 開け放たれた一冊の本

わたしの生涯は、［白日のもとに］開け放たれた一冊の本であった。わたしはなにひとつ秘密をもったことはなく、また隠しごとを奨励したこともなかった。

2

## 宗教なくして政治はありえない

わたしにとっては、宗教なくして政治はありえない――ただし、ここに言う宗教とは、迷信や、互いに憎み合い争うような盲目的な宗教ではなく、寛容の精神にもとづく普遍宗教のことである。道徳的で精神性のない政治は避けなければならない。とすれば、わたしはいっさいの公的生活から身を退《ひ》かなければならないことになる、と評論家は言う。けれども、わたしの経験はそうは教えない。わたしは社会の汚濁に生きて、なお危険な落とし穴に誘いこまれぬよう努めなければならない。

3

## すべての行動は宗教から出たものでなければならない

わたしは宗教なしには一瞬たりとも生きていけない。わたしの政治上の同志たちの多くは、わたしの政治行動までが宗教から引き出されたものだと言っては、わたしに失望する。まさに、彼らの言うとおりである。わたしの政治も、その他いっさいの行動も、もとをただせば、わたしの宗教から生じたものである。

さらにつっこんで言うなら、信仰者のすべての行動は、彼の宗教から出たものでなければならない。なぜなら、宗教とは神に結ばれている状態を意味するからである。言いかえると、神があなたの吐く息、吸う息の一つ一つまでも支配しているということである。

4

## わたしの政治は宗教に従属する

わたしはつねづね、わたしの政治は宗教に従属すると言ってきた。そしてわたしは、わたしの宗教生活、言いかえると、政治に左右されない奉仕の生活をおくることができなかったために、政治の世界に身をおいてきた。しかし今日、もし政治が宗教を妨げるようなことがあれば、わたしは政治を放棄するべきである。したがってわたしは、政治指導者なるがゆえに宗教に関与すべきでないという、もっともらしい説には署名［賛同］しかねる。

5

## 自国の奉仕は人類への奉仕と矛盾しない

わたしは、一介のインドの奉仕者にすぎないが、インドに奉仕しようと努めるとき、同時にわたしはひろく人類に奉仕しているのだ。わたしは若いころに、インドへの奉仕は人類への奉仕と矛盾しないことを発見した。歳をとるにつれて、賢明にもわたしは、その発見が正しいことを見きわめたいと思うようになった。そして、おおよそ50年にわたる公的生活を経て、今日わたしに言えることは、自国への奉仕は、世界への奉仕と矛盾しないという自らの信条への信念がますます強固になっているということである。これは正しい信条であり、これを是認しないかぎり、世界の状況は好転することはないだろうし、地球上に並存する国家間の嫉妬や遺恨は已《や》むことはないだろう。

6

## 物を所有するのは厄介なことになり重荷になる

わたしは自分が政治の渦中に巻きこまれているのを知ったとき、背徳や偽善など、政治家の特権のように思われているものに絶対染まることのないようにするためには、自分にとって何が必要かを自問した。……初めのうちは、それは苦しい自己との闘いであった。それはまた妻との確執であったし、いまでもはっきりと思い出すことができるが、息子たちとの軋轢でもあった。しかし、そのことはともあれ、わたしははっきりとこのような結論に到達したのである――わたしが自らの生命を投げ出し、日々その惨状を目のあたりにしている人びとに、ほんとうに奉仕しなければならないなら、わたしはいっさいの富と、いっさいの持てる所有物を放棄しなければならない、という結論に。

わたしは、このような信念をもったとき、その場で即座にすべてを放擲したなどと、まことしやかに言うことはできない。決意の実践の歩みは、当初は遅々としていたことを、ここで告白しなければならない。そしていま、あの苦闘の時代を思い起こすとき、初期の苦しかった日々が胸によみがえる。しかし日が経つにつれ、わたしは、それまでは自分の所有物だと思いこんでいた他の多くのものも放棄しなければならないことに気がついた。やがて、そうした物を捨てることが、心底からの歓喜《よろこび》に思える秋《とき》が来た。それから一つまた一つと、ほとんど幾何級数的に持ち物がわたしの手許から離れていった。

こうして自分の体験を語っていると、わたしは、大きな重荷がわたしの肩から滑り落ちたと言うことができる。そしていま、わたしは軽々と歩きながら、大いなる安堵感と、さらに大いなる歓喜《よろこび》をもって同胞への奉仕活動にいそしむことができるのである。どんな物にせよ、物を所有するのは厄介なことになり、重荷になる。

その歓喜《よろこび》の原因《もと》をたずねてわかったのは、わたしがなにか物を自分の所有物として保有するなら、わたしは全世界を相手にそれを護らなければならない、ということである。それからまた、［世間には］物が欲しくても所有できない多くの人たちがいるということにも、わたしは気がついた。もしそれらの飢餓寸前の空腹の人たちが、人里離れたところにいるわたしを見つけ、その物をわたしと分かち合うだけではなく、わたしから奪おうとしたら、わたしは警察の助けを求めなければならなくなるだろう。そこでわたしは心中こう言った――もし彼らがそのものを欲しくてわたしから奪おうとしたら、彼らは悪意ある動機からそうするのではなく、わたしよりも大きな必要に迫られたからではないのか、と。

7

## 真理の精神と向かい合いまみえる

万物に遍照する普遍的な真理の精神《こころ》と向かい合い、まみえるためには、人はもっとも卑賤な創造物を、自分自身のように愛することができなければならない。また、それを熱望する人は、生のいかなる分野をも排除することはできない。わたしの真理への献身がわたしを政治の世界へと導いたのは、このためである。わたしはいささかも躊躇《ためら》わず、しかも心から謙虚にこう言うことができる――宗教は政治などとはなんの関係もないと言う人は、宗教のなんたるかを知らない、と。

8

## 紡ぎ車ととるにたりない名声

わたしは一介の貧しい托鉢僧である。わたしのこの世での持ち物はといえば、紡ぎ車《チャルカー》6台、獄中用の食器、山羊の乳を搾るための空き缶と、6枚の手織りの腰布とタオル、それからとるにたりない名声である［解説参照］。

9

政治生活は私生活の反響でなければならない。したがって、両者のあいだに亀裂が生じることはありえない、とわたしは思う。

## 10
## 援助を受けるに値するものにならなければならない

残念ながら自ら意識しているわたしの力の限界のために、わたしの真理実験［解説参照］が断片的なものに限定されなければならないことを、なんとなくわたしは感じている。［しかしながら］一部にとって真実であることは、全体にとっても真実なようだ。…… わたしは全世界の援助をこいねがっている。そしてそれが、たしかに来つつあるのを、わたしは目撃している。…… とは言ってもわたしは、このことを肝に銘じている——世界の援助が強大な洪水、いっさいを洗い流し奮い立たせる大洪水となって、わたしたちに向かって押し寄せてくるまえに、わたしたちは援助を受けるに値するものにならなければならない、ということを。

## 11
## 決裂した双方を結びつける

［こうして］わたしは、法にたずさわる者の職務について学んだ。わたしは、人間性のよい側面を見出し、人びとの心のなかに入りこむことを学んだのである。わたしは、弁護士の真の役割は離ればなれに決裂していた［原告と被告の］双方を結びつけることだと悟った。この教訓は、わたしの心に拭いきれないほどの深い印象を刻みこんだ。そのため、わたしの弁護士としての20年間の業務の大半は、幾百という訴訟事件を和解にもちこむことに費やされた。そのことで、わたしはなにひとつ失うことはなかった——金銭的にも、ましてやわたしの魂を失うことがなかったのはたしかである。

## 12
## 嘘をついてまで地位や金を得るつもりはない

わたしの記憶するかぎりでは、……わたしは自分の職業［弁護士］上のことで虚偽に訴えたことはいちどもなかったし、また、わたしの弁護士業務の大半は社会活動のためのものであったので、弁護料に実際の経費以上を請求したことはなかった。ときには、それすら自腹をきってまかなった。これだけのことを言えば、わたしは自分の弁護士業についてすべてを語ったことになると思っていた。ところが友人たちは、もっと多く語るよう望んでいる。わたしが真実を避けて通ることを拒んだいくつかの事例を、ごく簡単にでも書き記したなら、それによって弁護士業界にいくらかでも資するところがあるだろうと、彼らは考えているようである。

まだ学生のころ、わたしは弁護士には嘘がつきものだと聞いたことがあった。しかしわたしは、嘘をついてまで地位や金を得るつもりはなかったので、そのことで［わたしの弁護士志望を］左右されることはなかった。この信念は、南アフリカ時代にいくたびも試されることになった。しばしばわたしは、訴訟の相手方が証人たちに圧力をかけていたことを知っていたし、また、わたしが自分の依頼人や証人たちに虚偽の証言を勧めるだけで勝訴できることもわかっていた。しかし、わたしはいつもこの誘惑に抵抗した。ただいちどだけ、裁判に勝ったあとで、わたしは依頼人に騙されたのではないかと疑ったことがあったのを覚えている。わたしはいつも心中ひそかに、依頼人の言い分が正しいばあいにかぎって、勝訴することを念じていた。弁護料をきめるにあたっても、裁判に勝ったなら、といった条件をつけた記憶はない。依頼人は勝訴しようがしまいが、わたしの受け取る報酬の額は多くも少なくもならなかった。

わたしは新しい依頼人が来ると、だれかれなく最初に、わたしは虚偽の訴訟はひきうけないこと、それから［勝訴するために］証人たちに証言を指南することを期待してもらっては困ると警告した。その結果、そのことが評判になり、あやしげな訴訟事件はわたしのところにもちこまれなくなった。実際、わたしの依頼人の何人かは、公正《クリーン》な訴訟はわたしのところに、疑わしい訴訟はほかの弁護士のところへもちこむというふうであった。

## 13
## 虐げられた人びとに仕える

わたしは自分のうちに、なにかとくに聖《きよ》らかなものがそなわっているとは言わない。わたしはまた、自分には預言者的な性格があるなどと公言しない。わたしは慎ましい一介の真理の探究者にすぎず、真理を見出そうと専念してきただけである。わたしは神にまみえるためならば、どんな犠牲をもいとわない。わたしの行動——それが社会的なものであろうと、政治的・人道的、あるいは道徳的なものであろうと——のすべてが、この目的に向けられているのである。そしてわたしは、神がしばしば、身分の高い者や権力者たちよりも、彼の創造物のいちばん身分賤しい人びとのうちに見出されることを知っているので、そのような人びとの境涯に身をおこうと、わたしなりに努めているのである。彼らへの奉仕なしには、わたしは神を見出すことはできない。ここに、虐《しいた》げられた人びとに仕えんとする、わたしの熱意《おもい》がある。そして、政治にたずさわらずに、この奉仕をおこなうことができないので、わたしは政治の世界にわが身をおいてきたのである。したがって、わたしは人の上に立って命令するような存在ではない。わたしは闘いつつ、過ちを犯す、一人の敬虔なインドの下僕《しもべ》にすぎない。

## 14

わたしの手もとに一枚の切り抜きが送り届けられてきた。そこには、わたしは神の使者とみなされていることが伝えられ、神からなんらかの特別な啓示を受けたと公言できるかどうかが問われている。この後者の質問については、わたしはそのような啓示は受けていないと答えなければならない。わたしは、すべての信心深い善良なヒンドゥーと同じように祈るのである。わたしたちは人を恐れるのをやめ、ひたすら神の真実のみを求めるならば、だれもが神の使者になることができると、わたしは信じている。わたしは、自分がただ一途《いちず》に神の真実のみを追求し、人間への恐怖をいっさい払拭したと思いこんでいる。したがってわたしは、神は非協力運動とともにあるものと痛感している。わたしは神の御意志《みこころ》の特別な啓示を受けてはいない。神は日ごと、すべての人に自らを顕《あらわ》してくれているが、わたしたちは「[神の] 静かな小さな声」に耳を閉ざしているものと確信している。わたしたちは、眼前の「[神の] 火柱」に目を閉じているのである。わたしは神の遍在を実感している。そして、質問者にも同じようにすることをお勧めしたい。

## 15
## 創造主の前では平等である

わたしは、みなさんと同じ過ちを犯しやすい人間である。わたしは夢にも、自分がマハートマ（Maha-atma［偉大なる魂］）であり、他の人たちがアルパートマ（Alpa-atma［小さな魂］）であるなどと考えたことはない。わたしたちはみな、創造主の前では平等である――ヒンドゥー教徒も、ムスリム［イスラーム教徒］も、パールシー教徒❖も、キリスト教徒もみんな、同じ一《いつ》なる神の礼拝者たちである。

❖ **パールシー教徒**……インド西部の都市ムンバイ（ボンベイ）を中心に定住するゾロアスター（拝火）教徒。

## 16

わたしは臆病な人間かもしれぬが、真理がわたしを介して語りかけるときには、無敵になる。

## 17
## 「愚にもつかない一貫性は小心者たちの手先である」

わたしは自分の内に多くの矛盾を認めざるをえない。しかし、わたしが「マハートマ［大いなる魂］」と呼ばれるようになってから、いつしかエマソンのつぎの言葉に賛同するようになった――「愚にもつかない一貫性は、小心者たちの手先である。」わたしの矛盾には、ある道理・筋があるのではないかと、考えている。わたしの見解では、わたしの外見的な矛盾には、一貫して同一性が流れていると思う――ちょうど自然にあって、表面的な多様性の奥に統一性《ユニティー》が流れているように。

18

わたしは、自分に納得のできない、あるいは道徳的・精神的な基盤に立って擁護できないような前例や慣習の奴隷になること［無条件に従うこと］を拒否する。

19

## 真理と非暴力は古よりある

「ガンディー主義《イズム》」などというものは存在しない。わたしは自分の死後に、どんな形にせよ、党派《セクト》を遺したいとは思わない。わたしは、これといった新しい原理や教義を創始したとは公言しない。わたしはただ、自分なりの方法で、日常の生活や諸問題に永遠の真理を適用しようと努めてきただけである。……

わたしにはなにひとつ世界に伝えるべき新しい教えはない。［わたしの説く］真理と非暴力は、山のごとく古《いにしえ》よりある［存在する］ものである。わたしがこれまでやってきたのは、自分に可能なかぎり大規模に、ひたすら真理と非暴力を実験しようと努めることであった。その実験過程でわたしはときどき過ちを犯したし、また過ちから学びもした。このようにして人生と人生の諸問題は、わたしにとっては真理と非暴力を実践する上での数多くの実験［材料］となった。

生まれつきわたしは誠実なほうではあったが、非暴力的ではなかった。あるジャイナ教のムニ＊が、かつてくしくも言ったように、わたしは［どうやら］真理の信奉者といえるほど、非暴力の信奉者ではなかった。またわたしは真理を優先し、非暴力を二の次にしてきたらしい。かの聖者《ムニ》が言ったように、わたしは真理のためならば、非暴力を犠牲にできたからである。事実、わたしが非暴力を発見したのは、真理探究の途上であった。

❖ **ムニ**……「聖者・賢者」の意、漢字で「牟尼」と音写されている。

20

わたしはまさに実際的な夢想家である。［しかし］わたしの夢は、空気のようにつかみどころのないものではない。わたしはできるかぎり、わたしの夢を現実のものに変えたいと願っているのだ。

21
## 人類の将来を信じて疑わぬ

わたしはどうしようもない楽観主義者《オプティミスト》である。というのは、わたしは自分自身を信じているからである。このような言い方をすると、たいへん傲慢に聞こえるかもしれないが、わたしはほんとうに謙虚な気持ちでこれを言っているのである。わたしは神の超絶した力を信じており、真理を信じている。それゆえに、わたしはこの国の将来を、言いかえると、人類の将来を信じて疑わぬのである。

22
## 正義が勝利するという信仰

わたしはどこまでも楽観主義者《オプティミスト》である。それは、正義がいま栄えつつあると言えるような、なんらかの証拠を示しうるからではなく、最終的に正義が栄えるにちがいないとの、ゆるがぬ信仰をいだいているからである。……最後には正義が勝利するにちがいないという信仰があればこそ、わたしたちの心に霊感《インスピレーション》がひらめくのである。

## 23
## 忍耐力を怒りなき心に高める

わたしはよく腹を立てない人と言われるが、そんなことはない。わたしは怒りにはけ口を与えないようにして、忍耐力を怒りなき心に高めようとするのである。そしておおむね、わたしはこれに成功している。わたしは、怒りがこみあげてくるとき、ひたすらそれを制御するだけである。どのようにしてわたしが怒りを制御する方法を見出したかは、無用の問いである。なぜならそれは、一人びとりが自らを陶冶し、たゆまぬ実践によって、よろしく身につけなければならない習慣だからである。

## 24
## 精進努力は人をいっそう強靭にする

たとえば、わたしは腹も立たないというわけではない。ほとんどどんなときでも、わたしはうまく自分の感情を制御するのである。その結果かどうかはいざ知らず、わたしの内心にはつねに、たえず慎重に非暴力の法に従おうとする意識的な精進努力がある。そうした精進努力は、人をいっそう強靭にするものだ。この法に従って努めれば努めるほど、わたしはいっそう生きる歓びを、言いかえると、三千大世界のしくみのなかで生きる歓びを痛感する。それはわたしに心の平安《やすらぎ》と、言葉では言い尽くせぬ自然の神秘の意味をもたらしてくれる。

## 25

相手側がわたしを敵と考えている人たちに、わたしが憎悪の気持《こころ》をいだかずにいられる——わたしのほうではむしろ、個人的に愛情をいだいていると言いたい——からといって、わたしが彼らの欠点に目を閉じていることにはならない。

## 26
## 愛の手だてを尽くして改心を求める

わたしは自分自身、地上のどんな生き物をも憎むことはできないと考えている。長年にわたる信仰の修行によって、わたしはこの40年あまり、だれをも憎むことはなかった。このように言うと、いささか大仰《おおぎょう》に聞こえることは承知している。にもかかわらず、わたしはすべての謙虚さをもってこう言うのである。しかしわたしは、悪が存在するところでは、つねに悪を憎むことはできるし、事実、悪を憎む。わたしは、イギリス人たちがインドに設立した政治統治の制度を憎む。わたしはまた、インドにあって一つの階層を形成しているイギリス人の支配的な態度を憎んでいる。わたしはイギリス人による無慈悲なインド搾取を憎むが、それとまったく同様に、ヒンドゥー教徒全般に責任のある、忌《い》むべき不可触民制度を心底から憎んでいる。しかしわたしは、高慢なヒンドゥーの支配階級［バラモン階級］の人たちを憎むことを拒否するように、尊大なイギリス人支配者たちを憎みはしない。わたしは自分に可能な、あらんかぎりの愛の手だてを尽くして、彼らに改心を求める。わたしの非協力は、憎悪にではなく、愛に根ざしているのである。わたしの個人的な宗教は、断固として、だれにせよ、他人《ひと》を憎むことを禁じる。わたしは、この単純にして高遠な教義を、12歳のとき学校の教科書で学んだ。そしてその信念を、今日まで心にいだきつづけてきたのである。そしてその思いは、日ごと心につのってきた。それはわたしにとっては、燃えるような激しい情熱である。したがってわたしは、多くの友人たち同様、わたしを誤解してきたかもしれないすべてのイギリス人たちに明言しておく――たとえわたしが、1921年［の第1回非協力闘争のとき］にやったように、彼らと烈しく闘わなければならないとしても、イギリス人を憎むという罪は犯しはしないだろうことを。今後の闘いも非暴力の闘争になるだろうし、公明正大な、誠実なものになるだろう。

27

世界は憎悪で疲れ果てている。その疲労が西洋の国々を圧倒している。

28

わたしは、心に憎悪や敵意をいだいて生きるくらいなら、サーバルマティ川❖に身を投げて死んだほうがましだ。

❖ **サーバルマティ川**……アフマダーバード市中を流れる川で、その堤にガンディーのアーシュラムが建っていた。

29
## 非暴力の勝利

わたしは、イギリスの政策や制度を公然と非難してきたにもかかわらず、多数のイギリス人たちから親愛を受けてきた。またわたしは、近代物質文明を手厳しく弾劾してきたにもかかわらず、ヨーロッパやアメリカの同志たちの輪はひろがりつつある。これもまた、非暴力の勝利の賜《たまもの》である。

30
## 自ら課した規則は有益な効果をもたらす

わたしが初めて牢獄生活を体験したのは、1908年のことであった。そこでわたしは、囚人たちが守らなければならなかった規則のいくつかは、ブラフマチャーリー――すなわち、自己抑制の実行を志す人――が自発的に実践しなければならないものであることに気づいた。たとえば、一日の最後の食事は日没前に終えなければならないといった規則である。インド人やアフリカ人の囚人には、紅茶もコーヒーも許されなかった。彼らは希望すれば、料理に食塩をふりかけることはできたが、たんに味覚を満足させるためには、なにひとつ［たとえば香辛料の類は］許可されなかった。わたしが刑務所の医師に、カレー粉の支給を要求し、食塩は調理中に食べ物に加えるようにしてもらいたいと申し出たとき、医師は言った――「おまえたちは、うまいものを食うためにここにいるのではない。健康上の見地からすれば、カレー粉など必要ではない。また、調理中に食塩を入れようと、調理してから入れようと、いっこうに変わりはないはずだ」と。結局、すったもんだのあげく、塩とカレー粉の規則は改善されたが、両方とも自己抑制のためには役に立つ規則であった。外部《そと》から課せられた禁止事項はめったに成功するものではないが、自ら課したばあいには、明らかに有益な効果をもたらすことになる。そこで牢獄から釈放されると、ただちにわたしは、獄中での二つの規則を自分に課した。当初はできるだけ紅茶を飲むのを止め、日没前に夕食を終えるようにした。いまでは、これら二つの規則は労せずして実行できるようになっている。

## 31
## 名誉欲は家具調度のようなもの

わたしはほとんど名誉欲というものをもったことはない。名誉欲などというものは、王たちの宮廷に必要な家具調度のようなものである。わたしはヒンドゥー教徒に仕える召使いであると同時に、イスラーム教徒、キリスト教徒、パールシー教徒、ユダヤ教徒の召使いである。召使いは名誉ではなく、愛を必要とする。そして、わたしが忠実な召使いでいるかぎり、愛はわたしに保証されているのだ。

## 32
## 非暴力に拠るもの

わたしを知る友人たちは、わたしは過激派でありながら同時に穏健派であり、急進派でありながら同時に保守主義者でもあると証言している。したがってたぶん、わたしは、そうした極端なタイプの人たちのあいだに友人をもつという幸運にめぐまれたのであろう。この奇妙な混淆《こんこう》は、わたしの非暴力の人生観に拠《よ》るものだと、わたしは確信している。

## 33
## 与えられた指導力は放棄することはできない

わたしが有している指導力についてであるが、それはけっして求めて与えられたものではなく、真摯な奉仕の賜《たまもの》である。人は、肌色を棄てることができないように、与えられた指導力をほとんど放棄することはできない。わたしは国民の不可欠な一部分になってしまっているので、わたしはわたしの指導力を、自分のすべての欠点や弱点とともにひきずっていかなければならない――そして、そうした自分の欠点や弱点のいくつかを、わたしは苦々しい思いで自覚しており、またその他多くを、率直な批評家諸兄のお蔭で気づかせてもらっているのである。

## 34
## 指導者をあるがままに知ることは国民にとって有益である

非協力運動が最高潮に達したときであった。闘争の真っただなかでわたしが自分の判断の誤りを告白したとき、ある人があっけらかんとわたしに書いて寄こした――「たとえそれが誤りであったとしても、あなたはそれを告白すべきではありませんでした。国民は、すくなくとも世の中に絶対に正しい人が一人だけでもいるのだと信じることで勇気づけられるべきでした。あなたはこれまでもつねに、そういう人として崇敬されてきました。あなたの告白は、いまや国民を失望させることになりましょう」と。この文面はわたしを思わず苦笑させると同時に悲しませた。わたしは差出人の単純さに微笑んだ。けれども、誤りやすい人間を絶対に誤ることがないと信じさせることで、国民を鼓舞すると考えることには耐えられなかった。人［指導者］をあるがままに知ることは、国民にとってはつねによいことであり、いささかも損失はない。わたしがわたしの誤りを即座に告白したのは、国民にとってまったく有益であったと確信している。ともあれ、わたしにとって告白することは歓びであった。

## 35
## 真理であると思われるところに一致させる

わたしは物を書くときに、自分が以前に言ったことを考えたことはない。わたしが意図するのは、与えられた問題について、自分が前に述べたこととつじつまを合わせるのではなく、その時点において、自分にとって真理であると思われるところに一致させることである。その結果、わたしは真理から真理へと成長してきたといえよう。お蔭でわたしは、自分の記憶によけいな負担をかけずにすんだ。さらにまた、50年前に書いたものを最近のものとくらべる必要のあるときにはいつも、わたしはその二つのあいだに、なんの矛盾も見出さない。けれども、そこに矛盾を認める友人たちは、彼らがとくに以前のもののほうがよいと思うのでなければ［それは当然のことだが］、最近のものの意味におとりくださるのがよいだろう。けれども、その選択をする前に、それら二つの外見的な矛盾のあいだに、根本的な変らぬ一貫性がありはしないか見きわめるよう努力されるべきである。

## 36
## 真理以外に宗教は存在しない

わたしの書くものには虚偽の入りこむ余地はない。なぜなら、真理以外に宗教は存在しないというのが、わたしの揺がぬ信念であり、またわたしは、真理を犠牲にして得たものは、すべて拒否できるからである。わたしの書くものは、だれにせよ個人にたいする憎悪から解き放たれずにはいられない。なぜならわたしは、この世界を支えているのは愛であると確信しているからである。愛は、真理を表面とする硬貨の裏面である。わたしは、真理と愛によって全世界を征服できるとの固い信念をいだいているのだ。

## 37

実のところ、わたしの書いたものは、わたしの遺骸とともに葬り去られなければならない。わたしが実践したことは、時代の風雪に耐えるだろうが、わたしが言ったり書いたりしたことは、いつまでも長続きはしないだろう。近ごろわたしはよく言うのであるが、たとえわたしたちの宗教の聖典がすべて滅び去ったとしても、『イーシャー・ウパニシャッド』の真言《マントラ》の一句だけで、ヒンドゥー教の本質を表明するのにじゅうぶんである❖。とはいっても、そのことばを生きる人がひとりもいなければ、聖句は無益であろう。まさにそのとおり、わたしが言ったり書いたりしたことは、それがあなたがたにとって、真理と非暴力《アヒンサー》の偉大な信条を習得する一助となるかぎりにおいてのみ有用である。もしあなたがたがそれらを習得しなければ、わたしの著述はあなたがたにとってなんの役にも立たないだろう。

❖　古代インドの哲学書の一つ『イーシャー・ウパニシャッド』の巻頭の一句――「この一切のもの（＝全宇宙）、動く世界のうちに存するいかなるものでも、みな主宰神によって抱擁されている。それゆえに、捨て去ることによって享楽せよ。いかなる［他］人の財をも貪ることなかれ」を指す。（中村元『ウパニシャッドの思想』春秋社）

## 38

わたしは、自分の著述のいくつかがわたしの死後も生きつづけ、それらが書かれた運動の理想に役立つこともあろうかと信じることで、悦に入っている。

## 39

### ずばり心に語りかける

わたしは、心に思ってもいないことを口にするという罪を犯したことはない――わたしのやり方は、生まれついての性格から、ずばり心に語りかけることである。そして、よくあることだが、もし一時的にそうすることができないばあいは、真理が最終的に自らを語って聞かせ、感じさせてくれるのを、わたしは知っている——［現に］わたしはこのことをしばしば経験してきたのである。

## 解説

# 「ガンディー自らを語る」

ガンディーは、たえず自らの思想《おもい》を内観し、行動《おこない》を反省・省察する「真理の探究者・実験者」であった。ガンディーは純正の宗教者・信仰者であったか、それとも宗教者を装《よそお》う世俗の政治指導者・社会改革者であったかという疑問は、彼の生前中も死後も、インドのみならず西洋のガンディー支持者《フィレス》たちのあいだでも、ガンディー嫌い《フォーベ》たちのあいだでも、繰り返し議論されてきた。そして、生前のガンディーに直接、双方から同じ問題——すなわちガンディーにあっては、ほんとうに政治と宗教は両立しているのか、それともいずれか一方が他に優先しているのか、が問われた。

この質問に、ガンディー自身根気よく、しかも明快に答えている。たとえば彼は言った——「わたしにとっては、宗教なくしては政治はありえない——ただし、ここに言う宗教とは、迷信や、互いに憎み合い争うような盲目的な宗教ではなく、寛容の精神にもとづく普遍宗教のことである。道徳的で精神性のない政治は避けなければならない」【2】。また彼は明言する——「わたしは宗教なしには一瞬たりとも生きていけない。わたしの政治上の同志たちの多くは、わたしの政治行動までが宗教から引き出されたものだと言っては、わたしに失望する。まさに、彼らの言うとおりである。わたしの政治も、その他いっさいの行動も、もとをただせば、わたしの宗教から生じたものである」【3】。これらの言葉は、自明のこととして、ガンディーの思想体系にあっては、宗教が政治に先行していることを示している。それでもなお、ガンディーの生涯にわたる政治への情熱と献身を顧《かえり》みて、ガンディーの本質は政治家であったと、譲らぬ人も多い。真（まこと）の宗教者ならば、ヒマラヤの洞窟か寺院の薄暗い内陣にこもり、あるいは杖をひいて諸国を巡礼するのが、よきヒンドゥーの生き方ではないか、と彼らは反論する。ところがガンディーはそうは考えなかった。真の宗教者たればこそ、いま目前にいる病める人、心悩む人、寒さに身を震わせる人、飢餓寸前の人を見て見ぬふりはできないはずであり、宗教者はなによりもまず他者に仕える奉仕者でなければならない、とガンディーは考えた。

そして同時代のインド人たちの精神的・物質的貧困と苦痛の拠《よ》って来たる直接の原因が、いつにかかって非情な外国支配の重圧と桎梏にあることに思い至った。そこで彼は、「わたしの宗教生活、言いかえると、政治に左右されない奉仕の生活をおくることができなかったために、政治の世界に身をおく」【4】ことになった。そして「［この］一介のインドの奉仕者が、インドに奉仕しようと努めるとき、同時にわたしはひろく人類に奉仕しているのだ。わたしは若いころに、インドへの奉仕は人類への奉仕と矛盾しないことを発見した」【5】と言う。これはまさに、人類的な大発見であった。すなわちガンディーの身辺の、飢える人、虐げられた人への惻隠の情が、彼自身の体験［たとえば『自叙伝』に読む南アフリカでの人種差別の苦い体験］をとおして、やがて同胞への奉仕の精神に、さらには人類愛へとひろがっていったのである。ガンディーはいま、高らかにこう言うことができた――「おおよそ50年にわたる公的生活を経て、今日わたしに言えることは、自国への奉仕は、世界への奉仕と矛盾しないという自らの信条への信念がますます強固になっているということである。これは正しい信条であり、これを是認しないかぎり、世界の状況は好転することはないだろうし、地球上に並存する国家間の嫉妬や遺恨は已《や》むことはないだろう」【5】と。

自らを「一介のインドの奉仕者」「一介の真理の探究者」と称したガンディーの「真理実験」［すなわち真理への登攀《とうはん》］の険しい道は、国民大衆の前に「なにひとつ秘密をもたない［白日のもとに］開け放たれた一冊の本」【1】

であった。国民はいつどこでも「背徳や偽善など、政治家の特権のように思われているもの」【6】とは、おおよそ無縁の、一風変わった政治家をそこに見たのである。

そういえば、青年時代イギリス留学から帰ったガンディーは、南アフリカへ渡り、やがて同地で弁護士事務所を開くが、そこでの彼の活動は、裁判で依頼人を勝たせることではなく、「離ればなれに決裂していた［原告と被告の］双方を結びつけることであった……そのため、わたしの弁護士としての20年間の業務の大半は、幾百という訴訟事件を和解にもちこむことに費やされた」【11】。また「わたしは弁護士には嘘がつきものだと聞いたことがあった。しかしわたしは、嘘をついてまで地位や金を得るつもりはなかった」【12】と回想しているが、こうした生来の人間的な誠実と正義感は、かえって彼の弁護士としての名声を高めたようである。いずれにせよ、南アフリカでの弁護士時代をつうじて学んだ「和解」の手法は、インドに帰ってからの30年余にわたる対英闘争においても、ガンディーがつねに採用した彼一流の決着の方法であった。すなわち、政治指導者ガンディーは、サッティヤーグラハ闘争を有利に導き、闘いに勝利したときにも、相手［政府］側に非を認めさせ、改善を求めはしたが、勝利に追い打ちをかけ、相手側の面目や名誉を完膚なきまでに打ちのめすようなことはしなかった。

こうして南アフリカでのガンディーは、インド人弁護士として社会的名声を得、依頼人の数も増え、家庭的にも経済的にもめぐまれながら、同胞への奉仕活動に明け暮れていた。ところが、そんな人も羨む順風満帆の人生の船上でガンディーの鋭敏な良心《こころ》は、人知れず、独り思い悩み、煩悶していた。そしてついにガンディーは、「はっきりとこのような結論に到達したのである——わたしが自らの生命を投げ出し、日々その惨状を目のあたりにしている人びとに、ほんとうに奉仕しなければならないなら、わたしはいっさいの富といっさいの持てる所有物を放棄しなければならない、という結論に」【6】。

ここにおいて、ガンディーの世俗の財産の放擲《ほうてき》と訣別の新たな生活が始まった。仏教史には、ある日翻然と思いあたるところあり、世俗の名声や財産のすべてを放棄して、仏門に入り、大悟成道したという高僧の話はよく聞く。ところがガンディーのばあいは、一家の家長として、弁護士として、また不幸な同胞に挺身する奉仕者として、世俗にあって世俗を生きながら、完全な出家者の生活を志したのである。この無謀な決意を聞いたとき、家人たちがまさに青天の霹靂のように驚いたのも無理はない。ヒンドゥー教的に言えば、人生の四住期の「家長期」にありながら、同時に「林住・遊行期」を目ざしたのである。ガンディー自らが告白するように、たしかにそれは「初めのうちは苦しい自己との闘いであった」【6】。しかし、やがてそれは「妻との確執」に、「息子たちとの軋轢」になった。時期《とき》みちて、林住・遊行の生活に入るヒンドゥーならば、だれもが羨望と尊敬をもって接したであろうが、一家の大黒柱である働き盛りの夫が、父がある日突然、家庭にあって林住・遊行の生活に入ると言いだしたのである。ガンディー自身もつらかったであろうが、見守る家人も悲痛であった。追いすがる妻子を振り切って、己の信念に向かって前進する——彼自身も逡巡していたはずである——ガンディーの思いはいかばかりであったろう。彼の身に注がれる家人のとげとげしい視線は、痛いほどによくわかる。しかし、なにごとにせよ、いったん志したら一歩も後に退かぬ人、貫きとおす人であることは、家人たちにもわかっていた。ガンディーの身の回わりから、ひとつ、またひとつと贅沢品や不要な品が姿を消していった。それも、「えい」とばかりに一気呵成にというのではなく、年月をかけて薄皮を削《そ》ぐように徐々に捨てられていったのである。そして「やがて、そうした物を捨てることが、心底からの歓喜《よろこび》に思える秋《とき》が来た。それから一つまた一つと、ほとんど幾何級数的に持ち物がわたしの手許から離れていった」【6】。それはまさに「捨て聖人《ひじり》」の修行道であった。

1908年の最初の下獄体験で、否応なしにガンディーが紅茶を禁じられ、以来、生涯飲み物はジュースと水でとおしたという。こうして20余年後、ロンドンの円卓会議に臨んだときの税関での報告書には、まさに無所有の人マハートマの「全財産」が報告されている【8】。

彼はまた、1906年に36歳という男盛りに、民衆のために自己のすべてをささげるべく「ブラフマチャリヤ［純潔］」の誓いをたて、妻カストゥルバーイと夫婦の関係を断って、同志となった。しかしこのときは、妻は夫の献身をよく理解し、苦悩することも抵抗することもなかったという。

こうしたガンディーの「真理実験［精進努力］」は、彼の一挙手一投足を見まもる民衆の心を動かさずにはおかなかった。そして、いつ、だれ言うとなく、彼の身近な人びとのあいだで、ガンディーは「マハートマ［偉大なる魂、大いなる魂の人］」の尊称で呼ばれるようになった。ガンディー自身は、そのような仰々しい呼称よりも、「ガンディージー［『ジー』は日本語の『さん』に当たる日常的な敬称］」と呼ばれることを好んだが、それでは民衆の自然な心底からの崇敬心はおさまらなかった。民衆は彼を「マハートマ」と呼ぶことに、むしろ誇りと喜びを感じていたのである。

ガンディーの厳しい自省心は謙虚に語った――「わたしは自分のうちに、なにかとくに聖《きよ》らかなものがそなわっているとは言わない。わたしはまた、自分には予言者的な性格があるなどと公言しない。わたしは慎ましい一介の真理の探究者にすぎず、真理を見出そうと専念してきただけである」【13】と。また言った――「わたしは、みなさんと同じ過ちを犯しやすい人間である。わたしは夢にも、自分がマハートマ［偉大なる魂］であり、他の人たちがアルパートマ［小さな魂］であるなどと考えたことはない」【15】と。

ところで、「マハートマ」の尊称を全国的にひろげ、定着させたのは、1915年に南アフリカから帰国したガンディーが、西ベンガル州のシャーンティニケタンに詩人タゴールのアーシュラム［学園］を訪ねたとき、詩人の口からふとついて出た「マハートマジー」の呼びかけであったと、著名な伝記作家ロバート・ペーンは伝えている。

いずれにせよ、こうしてマハートマの「開けはなたれた一冊の本」には、つねに国民の過剰なまでの愛情が注がれたが、いっぽう、イギリス官憲のきびしい警戒の目も光っていた。ことほどさように、ガンディーの日常は、それこそひとときの心安まる解放の時間《とき》のない緊張の連続であったことは想像にかたくない。それは、いつ切れても不思議のない張りつめた琴線であった。しかし不思議にも、張りつめた細い糸は切れなかった。ガンディーが生涯につぎつぎに遭遇した精神的・肉体的な苦難や辛酸に微笑をうかべて立ち向かい、易々と乗り越えることができたのは、彼本来のユーモアのセンスであったと自らも言う。あるとき、ガンディーはしみじみ述懐したという——「もしわたしにユーモアのセンスがなかったなら、わたしはとっくのむかしに自殺していただろう」と。彼はそんな自分を「どうしようもない楽観主義者《オプティミスト》」「どこまでも楽観主義者」などと呼んで、おもしろがったが、それは「神の超越した力を信じており、真理を信じている［からであり］、それゆえに、わたしはこの国の将来を、言いかえると、人類の将来を信じて疑わぬ［からであり］」【21】、あるいは「最終的に正義が栄えるにちがいないとの、ゆるがぬ信仰」【22】にもとづく宗教者の楽観論のゆえであった。たしかに、ある人が言ったように、「ガンディーは底抜けの楽観主義者」であった。

もうかれこれ30数年前、ガンディーのアーシュラムを訪ねたとき、案内に立ってくれた初老の謹厳そうな教育者が言った——「バープー［『お父さん』の意で、ガンディーは身近な人たちからそう呼ばれていた］はアーシュラムでも、重要な会議に臨んでも、イェラヴァダー［刑務所］でも、いつも巧《たく》まぬユーモアでみんなを笑わせてくれました」と。この話を聞いたとき、なぜか筆者は目の前が急に明るくなった思いをしたことを憶えている。

ガンディーの純正で偽らぬ自己省察はなおも続く。ガンディーといえば、だれもがまず思い描くのは「非暴力（愛）」の人であり、このことは同時に、他人《ひと》にたいして柔和でやさしい円満な人格者を、ときには「生き仏」のような好人物を連想させる。しかしガンディーはたんなる善人、好々爺ではなかった。人間ガンディーは熱血の人、人一倍熱い血潮のたぎる熱血漢であった。

逆説的な言い方をすれば、彼は怒れる人、瞋恚《しんい》の人であった。そうでなければ、貧しい、虐げられた同胞の救済のために、自らの生活と生命のすべてを投げ出すことはできなかったであろう。あるガンディー研究者が言ったように、もしガンディーがイギリス政府とイギリス人から受けた恨《うら》み辛《つら》みをいちいち指弾し、並べたてたなら、それこそ、大冊の告発書が書かれていただろう。「わたしはよく腹を立てない人と言われるが、そんなことはない」と、ガンディーは言った――「わたしは怒りにはけ口を与えないようにして、忍耐力を怒りなき心に高めようとするのである。そしておおむね、わたしはこれに成功している」【23】と。また言った――「たとえば、わたしは腹も立たないというわけではない。ほとんどどんなときでも、わたしはうまく自分の感情を制御するのである。……わたしの内心にはつねに、たえず慎重に非暴力の法に従おうとする意識的な精進努力がある」【24】と。こうした「意識的な精進努力が、傍目《はため》には彼を「腹を立てない人」「腹も立たない人」に映じさせたのであろう。

すでに紹介したガンディーの孫アルン・ガンディーは、筆者との対談で、南アフリカでの少年時代のこんなエピソードを語ってくれた――アルン少年は、あるとき白人の子どもたちから有色人種の子として差別され、ひどい暴行を受けた。それから何日か経ったある日、こんどは土着の黒人の子どもたちから、褐色人種の子として敵視され、いじめを受けた。少年はやりきれなくなって、祖父ガンディーのところに行き、胸中の憤懣をぶちまけた。じっと孫の話に耳を傾けていた祖父は、アルン少年に「怒りの日記」をつけるように勧めて言った――「怒りを感じることがあったら、それをすべて日記に書き出しなさい。ほかの人や、ほかのなにかにそれをぶつけてはいけない。解決の糸口を見つけるために書くのであって、怒りを持続させるために書くのではない」と。少年アルンは日記を書きつづけ、繰り返しそれを読んだ。やがて少年は、日記を書きながら怒っている自分の顔を想起し、怒りは自分にとっても他人にとっても不幸なだけで、無益なことを学んでいった。

こうした「長年にわたる信仰の修行によって、わたしはこの40年あまり、だれをも憎むことはなかった」とガンディーはだれはばかることなく公言することができた――「しかしわたしは、悪が存在するところでは、つねに悪を憎むことはできるし、事実、悪を憎む。わたしはイギリス人たちがインドに設立した政治統治の制度を憎む。わたしはまた、インドにあって一つの階層を形成しているイギリス人の支配的な態度を憎んでいる。わたしはイギリス人による無慈悲なインド搾取を憎むが、それとまったく同様に、ヒンドゥー教徒全般に責任のある、忌《い》むべき不可触民制度を心底から憎んでいる。しかしわたしは、高慢なヒンドゥーの支配階級［バラモン階級］の人たちを憎むことを拒否するように、尊大なイギリス人支配者たちを憎みはしない。わたしは自分に可能な、あらんかぎりの愛の手だてを尽くして、彼らの改心を求める」【26】。

そして彼は、最終的に「わたしは、心に憎悪や敵意をいだいて生きるくらいなら、サーバルマティ川に身を投げて死んだほうがましだ」【28】とまで、憎悪や敵愾心を嫌う気持ちを吐露したのである。

ガンディーは、たとえ相手がどのように傲慢で悪意にみちていようとも、一個人、一国民に私怨や遺恨をいだくことはなかった。彼が怒り、拒否したのは、他人や他国民を暴力《ちから》をもって支配し、搾取せんとする政治体制や階級制度であった。

そればかりかガンディーは、どんなに熾烈な闘争《たたかい》の真っただ中でも、「多数のイギリス人から親愛を受けてきた」ことを謝し、いっぽう「わたしは、近代物質文明を手厳しく弾劾してきたにもかかわらず、ヨーロッパやアメリカの同志たちの輪がひろがりつつある」【29】ことを、手放しで喜んだ。

ガンディーは「ガンディー主義」「ガンディー主義者」という言葉を好まなかった。なぜなら「わたしはこれといった新しい原理や教義を創始したとは公言しない。わたしはただ自分なりの方法で、日常生活の諸問題に永遠の真理を適用しようと努めてきただけである。……［わたしの説く］真理と非暴力は、山のごとく古《いにしえ》よりある［存在する］ものだからである」【19】。

ガンディーは、彼の思想や人格に共鳴する者たちが、学派を創設したり、徒党を組んで意見を異にする他の党派やグループを敵視し、優位を競うような愚行にはしることを惧れ、嫌った。真理の探究者たちは、それぞれ異なる宗教や学派に属していても、同じ一つの真理に向かう旅の道づれとして、互いに他宗と他宗団を認め合い、尊重すべきだとガンディーは繰り返した。

したがってガンディーは、世界のおおかたの政治指導者たちとは異なり、自己の不謬性を宣伝することはなかった。むしろ彼は「運動が最高潮に達した［ときでも］、わたしの判断の誤り［に気がつけば、国民の前に率直にそれを］告白する」勇気をもっていた。本文【34】は、そうしたガンディーの消息を伝える興味深い論説である。事実ガンディーは、サッティヤーグラハ運動の途上でいくたびか挫折と停滞を重ね、ときには敗北の苦汁を飲み干さなければならなかった。

ガンディーが自らの思想と行動を検証した鑑《かがみ》は、つねに「真理と非暴力」であった。したがって「わたしは物を書くときに、自分が以前に言ったことを考えたことはない。わたしが意図するのは、与えられた問題について、自分が前に述べたこととつじつまを合わせるのではなく、その時点において、自分にとって真理であると思われるところに一致させることである。その結果、わたしは真理から真理へと成長してきたといえよう」【35】と、あっけらかんと言うことができた。また彼は、胸を張って言った――「わたしの書くものには虚偽の入りこむ余地はない。なぜなら、真理以外に宗教は存在しないというのが、わたしの揺がぬ信念であり、またわたしは、真理を犠牲にして得たものは、すべて拒否できるからである」【36】と。

ガンディーはあるとき、「実のところ、わたしの書いたものは、わたしの遺骸とともに葬り去られなければならない。わたしが実践したことは、時代の風雪に耐えるだろうが、わたしが言ったり書いたりしたことは、いつまでも長続きはしないだろう」【37】と言っておきながら、またあるとき「わたしは、自分の著述のいくつかがわたしの死後も生きつづけ、それらが書かれた運動の理想に役立つこともあろうかと信じることで、悦に入っている」【38】とも言ったが、いずれもが、そのときどきの彼の本心を吐露したものとしておもしろい。言葉の齟齬はたぶん「わたしは、心に思ってもいないことを口にするという罪を犯したこと」【39】がなかったからであろう。ガンディーほど、自己と自己の思想《おもい》を偽らず、誠実に生き、生きようと努めた信仰者、政治指導者を歴史は知らない。

# 第10章
# 「誠実」を生きる

## 1
## ばかさ加減

高校一年生❖のときの試験中に起きた出来事は、記録に値する。ジャイルという名の視学官が学校視察にやって来て、綴字《スペリング》の練習問題に、単語を五つ出題した。その一つが Kettle（やかん）であったが、わたしは綴字を間違えた。担当の先生が靴《ブーツ》の先でわたしをつついて誤りに気づかせようとしたが、わたしには気づこうはずはなかった。先生がわたしに、隣の席の生徒の石板から綴字を盗み見するよう合図しているなど、わたしには考えもつかないことだった。なぜなら先生は、生徒たちがカンニングしないように監督しているものとばかり思っていたからである。結果は、わたしを除いて生徒たちは全員、全問正解であった。わたしひとりがばかを見たのである。あとで先生は、このばかさ加減をわたしにわからせようとしたが、効果はなかった。わたしは［生涯］、人のものを「まねる」という術《すべ》を学ぶことはできなかった。

❖　インドの高校は、日本の小学校6年級から高等学校2年級までの6年制。

## 2
## 父の真珠の滴の愛の矢

わたしが［召使いのポケットから］小銭をちょろまかしたのは、12か13歳のころ、あるいはもう少し小さいときだったかもしれない。二度目の盗みをはたらいたのは、15歳のときであった。このときは、肉食をしていた兄の腕輪から少しばかり金を盗みとったのである。この兄は、25ルピーばかり借金をかかえていた。そして、借金の返済のことで、わたしたち兄弟は頭を悩ませていた。兄は腕に純金の腕輪をはめていた。そこから少しばかりの金を削りとるのは、さしてむずかしいことではなかった。

そこで、わたしは、兄に代わって腕輪を削ってやった。そして借金は清算された。ところが、このことで、わたしはやりきれない気持ちになった。わたしは二度とふたたび盗みはすまいと心に誓った。わたしはまた、父に罪を告白しようと決心した。しかし、どうしてもそれを口に出して言うだけの勇気はなかった。父にぶたれるのを恐れたからではない。いや、父がわたしたち兄弟のだれかをぶったという記憶はまったくない。わたしは、父が嘆き悲しんで、苦痛のあまり自分の額を打ちはしまいかと惧れたのである。しかし、どうしても、あえて危険は冒さなければなるまい、きれいに懺悔をしなければ、罪は清められないと、わたしは考えた。

ついにわたしは、懺悔を文章に書いて父のもとに差し出し、赦しを乞おうと心に決めた。わたしはそれを一枚の紙にしたためて、自分で父に手渡した。文面では、自分の罪を告白したばかりか、それにたいする応分の罰をくださるよう願い出、さらに、わたしの罪ゆえに、父が自らを罰することがないようにと申し出て、手紙を結んだ。わたしはまた、今後二度とふたたび盗みはしないことも誓った。

告白文を父に手渡したとき、体は震えていた。父は当時、痔瘻［悪性の痔疾］を病んでいて、寝たきりであった。父の寝台は粗末な厚板の台であった。わたしは父に手紙を渡すと、寝台の前に坐った。

父は手紙を読みとおした。真珠のような涙の滴《しずく》が、父の頬をつたって流れ、紙を濡らした。しばらく、父は目を閉じて物思いにふけっていたが、やがて手紙をひきさいた。父は手紙を読むために、起きあがって坐っていたが、ふたたび身を横たえた。わたしもまた、声をあげて泣いた。わたしには、父の胸のうちの苦悶がよくわかった。もしわたしが画家なら、今日でもその場の情景をすっかり描いて見せることができるだろう。いまだにそれは、わたしの目にまざまざと焼きついている。あの真珠の滴の愛の矢が、わたしの心を射抜き、わたしの罪を洗い流してくれたのだ。このような愛を経験したことのある人だけが、愛のなんたるかを知ることができるのである。……

この体験はわたしにとっては、アヒンサーの実地教育であった。そのときは、わたしはそこに父の愛以上のものを読みとることはできなかったが、今日では、これこそが純粋なアヒンサーであることを知っている。このようなアヒンサーがひろがって、万物を偏《あま》ねく包むようになると、それは触れるものをことごとく変化させる。このようなアヒンサーの力は際限を知らない。

## 3
## エッフェル塔は玩具であった

1890年［イギリス留学中］に、パリで万国博覧会が開催されていた。わたしは、その準備の力の入れようについては、新聞紙上などで読んでいたし、パリはぜひいちどは訪ねたいと思っていたので、この機会にパリに行けば、一石二鳥になると考えた。博覧会の特別の目玉は、なんといっても、高さ約一千フィートもある鉄材だけで建てられたエッフェル塔であった。もちろん、他にもたくさん興味深い展示物はあったが、なんといってもエッフェル塔が衆目の的であった。というのは、それまでは高さ一千フィートもある建造物が安全に立っていられるとは考えられなかったからである。

エッフェル塔については、ひとこと述べておかなければならない。エッフェル塔が今日、何の役に立っているのか、わたしの関知するところではない。しかし当時は、それはおおいに賞賛もされ、非難もされているのを耳にした。非難した人たちのなかでは、トルストイが際立っていたのを、わたしは記憶している。エッフェル塔は人間の英知の記念碑ではなく、愚劣さの記念碑だと彼は言ってのけたのである。彼の論をもってすれば、タバコは人を中毒させるすべてのもののなかでも、最悪である。というのは、タバコの中毒者は、酒飲みがあえてしようとしないような犯罪を犯す誘惑にかられるからである。酒は人を気狂いにさせるが、タバコは人の知性を曇らせ、空中にありもしない幻の楼閣を築かせる、というのだ。エッフェル塔は、こうした影響力のもとで人間の描いた創造力の所産の一つであった。エッフェル塔には、たしかに芸術といえるものはなにもない。どう考えてみても、博覧会のほんとうの美に貢献したとはいえない。人びとは塔を見ようと群がり、それが目新しく、ばかでかいので、塔に登る。それは博覧会の玩具《おもちゃ》であった。わたしたちが子供でいるあいだは、玩具に心を奪われる。エッフェル塔は、わたしたちみんなが、がらくたに夢中になっている子供だという事実《こと》の恰好の証明であった。エッフェル塔が世に示した目的は、こんなところだったと言えるかもしれない。

## 4
## 不正を正す

［南アフリカに］到着してから7日か8日目に、わたしは［わたしを雇用してくれた商会の所用で］ダーバンを発った。わたしのために一等車の座席が予約されていた。ここでは、寝具が必要なら、別に5シリングを支払う習わしになっていた。アブドゥッラー・シェート❖は寝具も一つ予約しておくよう熱心に勧めてくれたが、わたしは頑固さと自尊心に加えて5シリングを節約しようという気持ちもあって、寝具を求めるのをことわった。アブドゥッラー・シェートはわたしにこのように忠告してくれた──「いいですか、ここはインドとは違って外国です。幸いわたしたちには、倹約をしなくてもよいだけのお金があります。必要な便宜は、なんなりと手に入れてください。」

わたしは彼に謝辞を述べて、心配しないようにと言った。

列車は午後9時ごろに、ナタールの首都マリッツバーグに到着した。この駅で寝具が提供されることになっていた。列車ボーイがやって来て、寝具の用はないか、とたずねた。「けっこう、わたしは自分のを持っているから」と答えた。ボーイは立ち去った。そこに乗客が一人《ひとり》入って来て、わたしを頭の上から足もとまでじろじろ眺めていた。その客は、わたしが有色人種なのを知って、狼狽した。彼は出て行くと、駅員を一人か二人連れてもどって来た。みんな無言のままであったが、そこへ、もう一人の駅員がやって来て、わたしに向かって言った——「こっちへ来な。おまえさんは貨物車に移らなければいかん。」

「わたしは一等車の切符を持っているんだ」と、わたしは言った。

「そんなことはどうだっていい。よく聞け。おまえさんは貨物車へ行かなければならない」と、別の駅員が助勢した。

「いいですか、わたしはダーバンを発つとき、この客車で旅をしてよいと言われたのです。だから、これからも断じてこれに乗って行くつもりです。」

「それは駄目だ。おまえさんは、この車輌を降りるんだ。いやだというなら、警官を呼んで引きずり降ろしてもらうまでだ」と、駅員は叫んだ。

「そうしてもらってけっこう、わたしは自分から降りるのはことわります。」

警官がやって来て、わたしの手をつかんで、わたしを車外へ突き出した。荷物も放り出された。わたしは他の車輌に移るのを拒否した。汽車は出発した。わたしは手提げ鞄ひとつを持って待合室へ行き、腰をおろした。他の荷物はプラットフォームに投げ出されたままであった。駅員がそれを保管した。

季節は冬であった。南アフリカの高地の冬の寒さはきびしい。マリッツバーグは標高が高かったので、寒さはことさらきびしかった。外套《オーバー》は荷物のなかにあったが、また侮辱されはしまいかと心配で、あえて荷物を請求するだけの気力はなかった。わたしは寒さでがたがた震えながら坐っていた。待合室には燈《あか》りはなかった。真夜中ごろ、旅客が一人入って来た。その人はわたしに話しかけたそうな様子だったが、わたしはとても相手をする気分にはなれなかった。

わたしは己のなすべき義務《つとめ》について考えはじめた。わたしは自分の権利のために闘うべきか、それともインドに帰るべきか、あるいは自分の受けた屈辱のことは気にとめずにプレトリアへ行き、訴訟事件を片付けてから帰国すべるきか、と。依頼された責任を果たさずにインドへ逃げ帰るのは、卑怯というものであろう。わたしが受けた苦痛など表面的なものであり、人種偏見という深刻な病のひとつの徴候にすぎない。できることなら、病根をえぐり出さなければならない、そしてその途上で遭遇する苦難に耐えなければならない。不正を正すのは、まず人種差別に必要な範囲に限って追求すべきである。

こうしてわたしは、プレトリア行きの次の列車に乗ろうと決意した。

❖ **アブドゥッラー・シェート**……南アフリカにガンディーを呼んだダーダー・アブドゥッラー商会の会長。

## 解説

# 『自叙伝――わたしの真理実験の物語』(1927～29)から

ガンディーの厖大な著作のなかで、インドはもとより世界の国々で、今日までもっとも数多く、またもっとも興味深く読みつがれてきたのは『自叙伝』であるのは間違いない。たとえば、世界的な精神分析学の権威E・H・エリクソンは、『自叙伝』を「まさしく多くの読者が読み、あるいは読もうとつとめた、ガンディーによるガンディーについて書かれた唯一の著作」と評し、名著『ガンディーの真理』を書いた。

しかしガンディーの『自叙伝』は、作者が自分の歩んだ人生の軌跡と、それをとりまく時代の風景を活写した、いわゆる西洋的な意味での autobiography とは根本的に趣を異にしている。『ガンディー全集』の編集責任者の一人であるK・スワミナタン教授の言葉を借りれば、それは「完全な、あるいは少なくとも満足すべき自画像ではないし、また彼の生きた時代への的確な批判でもない。」ましてや世の多くの政治家たちや、功成り名を遂げた有名人たちの回想録に見られるような自慢話ではなく、また彼らをとりまく事件の秘話や裏話でもない。

1925年に、ガンディーはある熱心な友人の勧めで『自叙伝』の執筆にとりかかった。グジャラート語の原文は、1925年11月から29年2月まで、およそ3年2か月間にわたって『ナヴァジーヴァン〔新生〕』紙に連載され、同時に、ほぼこれと並行して、作者の協力のもとに愛弟子マハーデヴ・デサイとピアレラールの流麗な筆先から訳された英文が『ヤング・インディア』紙にも掲載され、全国の何百万という読者が、毎号の読み物を待ちわびたと、当時を知る古老から筆者は聞いた。インドでは、今日でも文字の読めない農民や労働者の数は多い。それが、どうして何百万か、話はおおげさにすぎないかと反論されるかもしれない。しかしながら筆者自身、インドの農村に住み、村の茅葺《かやぶ》き屋根の茶店のランプの燈りのもとで、インテリ青年の朗読する新聞や雑誌に聞き入る村人たちの姿を見て、思わず輪のなかにひきいれられた思い出がある。おそらく当時も、全国いたるところの街角や村の茶店で、ガンディーの自伝物語が、毎号のように民衆の耳で読まれたのかと想像するだに胸が熱くなる。

ところで、ガンディーが『自叙伝』を書くという冒険を冒すことに異論をとなえる同志たちもいた。そもそも自伝を書くというのは西洋の習わしであり、彼が今日かかげている原理や計画を明日放棄したり変更することになれば、マハートマの言葉の権威は失われ、彼の言葉を拠りどころに行動している人たちは途方に暮れるではないか。また「マハートマ」と呼ばれる民族の最高指導者が臆面もなく、人前に自分の過去をさらけだすことを危惧する向きも多かった。

しかし、ガンディーが意図したのは、著者の自我《エゴ》を前面に押し出すような、いわゆる西洋的な意味での「本格的な自叙伝」ではなかった。彼はただ「わたしのおこなった数々の真理実験を物語ろう」としただけであり、「わたしの生涯は、そうした実験だけで成り立っているのだから、物語が自叙伝の形をとるのは当然」と考えたのだった。すなわちガンディーは、真理とは何ぞやという人生最大の問いにたいして、学問的な原理や理論をもって答えるのではなく、「そうした原理を実際にいろいろ適用した話」をもって答えようとしたのである。彼が『自叙伝』に「わたしの真理実験の物語」という副題をつけたのはこのためである。

たしかに、ガンディーの言うように、「この30年来、わたしが成し遂げようと努め、念願してきたことが、自己実現、すなわち神にまみえること、解脱《モクシャ》に到達することであった」とすれば、実験のすべてが、道徳的・宗教的なものであったのは、むしろ当然といえよう。そして彼は、それらの実験を「密室のなかではなく、戸外でおこなった」のであり、なにひとつ、読者の目から隠し立てをする必要はなかった。

ここにおいて、ガンディーの自伝執筆に異議を唱えた人たちの憂慮は、半ば適中し、半ば裏切られたといえよう。すなわち、彼らが危惧したとおり、ガンディーは自分の過去をいっさい粉飾し、美化しようとはせず、ありのままを淡々と語ってしまったという意味では、彼らの懸念は適中したことになる。しかし反面、それが「マハートマ」のイメージ・ダウンにはつながらず、かえって彼の底抜けの誠実さと、天真爛漫な率直さが国民の好感をよび、信頼を倍増したという意味では、彼らの取越苦労はみごとに裏切られたということになろう。

アメリカのある著名な司教が書いている――「ここに小説より魅力あふれる自叙伝がある。それはかつて私の読んだどんな書物よりも、人間の魂《こころ》を鮮やかに見きわめたものである」と。

# 第11章
# 「魂」の品位

1

## 日常性は限界を知ることを教えてくれる

日常の家庭的な出来事は、［たしかに］わたしたちにとっては、とるにたりない瑣末事にすぎない。しかし、そうした日常性がわたしの生活の主要な部分を占めているのである。それらはわたしに、わたしの限界を知ることを教えてくれる。

2

## 浪費してはならない、無駄にしてはならない

あなたがたは米一粒、紙切れ一枚浪費してはならない。同様に、一秒なりとも自分の時間を無駄にしてはならない。それはわたしたちのものではないからだ。それは国民のものである。わたしたちはその使用を託された被信託人である。

3

## 人生は大きな危険をともなわずして生きがいあるものとはならない

どんなに大きな、あるいは迅速な運動も、勇猛果敢な冒険心なくしては推進することはできない。また人生は、大きな危険をともなわずして、生きがいあるものとはならないだろう。世界の歴史は、冒険心がなかったなら、人生の夢物語《ロマン》は生まれなかったであろうことを伝えてはいないだろうか。

4

ことと良心の問題では、多数決の原理の入りこむ余地はない。

5

われわれは、自由な人間として生きられないのであれば、甘んじて死ぬ

べきである。

## 6
## 悪の存在をあるがままに認める

わたしには、どんな論理的思考方法をもってしても、悪の存在を説明することはできない。そうしようと望むのは、神と対等の立場に立つことである。したがってわたしは、謙虚に、悪の存在をあるがままに認めるのである。そしてわたしは、この世に悪を許しているという、まさにその理由《こと》で、神を気長で、忍耐強いひとと呼ぶのである。神自身のうちには悪が存在しないことを、わたしは知っている。したがって、悪が存在するなら、［世界の創造者である］かれは悪の創造者でありながら、しかも悪に穢されないということである。

## 7
## 見解の相違は敵意を意味するものではない

見解の相違は、けっして敵意を意味するものではない。もしそうであれば、妻とわたしは、それこそ不倶戴天の敵ということになるはずである。この世にあって寸分意見の違わぬ二人の人間など、わたしは知らない。わたしは『ギーター』の信奉者である。そのためにわたしはつねに、自分と意見を異にする人たちをも、自分にいちばん近しい、親愛な人たちにたいしていだくのと同じ愛情をもって接するよう試みてきたのである。

## 8

わたしは対立者を転向させるか、あるいはわたし自身が敗北を認めるまでは、辛抱強く議論をつづけなければならない。なぜならわたしの使命は、すべてのインド人を、さらにはイギリス人たちまでも、そして最終的には世界の人びとを非暴力に転向させることだからである。

## 9
## 満足感は努力にある

目標はつねにわたしたちから遠ざかっていく。進歩が大きければ大きいほど、自らの無力・無価値さをいっそう強く認識するものである。満足感は、物事の成就にではなく、努力にある。力いっぱい努力することが完全な勝利である。

## 10
## すべての真実は美しい

物事には二つの面がある――すなわち、外面と内面である。それはわたしにとっては、ただどちらを強調するかという問題に過ぎない。［いずれにせよ］外面は、内面を補うかぎりにおいてしか意味はない。こうして、すべての真の芸術は魂の表現ということになる。［言いかえると］外形は、人間の内なる精神の表現であるかぎりにおいてのみ価値を有する。この種の芸術が、わたしの心に考えうる最大の感動を喚《よ》ぶ。しかしわたしは、芸術家を自称する多くの人たちがいて、［世間的にも］芸術家として認められているが、その人たちの作品には、昇華への衝動も不安の跡もまったく認められないことを知っている。

すべての真の芸術は、魂がその内的自我を悟るのを助けるのでなければならない。わたし自身について言えば、魂の悟りには、外形はまったく無用であることがわかった。わたしの部屋は、額《がく》ひとつかかっていない空白の壁でけっこうである。また、無窮の美のひろがりのうちに展開する星々の天空を頭上に仰ぎ見るためならば、天井すらなくてもよい。煌《きら》めく星々におおわれた夜空を仰ぐとき、わたしの前に広がるあの壮大な全景《パノラマ》を、人間の意識が創造するどんな芸術が与えてくれるというのだろうか。とは言ってもこのことは、わたしが一般に認められている芸術作品の価値を受け容れるのを拒否しているということではない。わたしはただ個人的に、大自然の永遠の美の象徴とくらべれば、人間の手になる芸術作品などいかに不十分なものであるかを痛感しているということにすぎない。人間の創造する芸術作品は、魂が自己実現に向かって前進するのを助けるかぎりにおいてのみ、価値を有するのである。

すべての真実は——真《まこと》の思想だけではなく、真にみちた人の顔も、真の絵画も歌も——実に美しい。人びとは一般に、真実のなかに美を見ることができないでいる。世俗の人は［むしろ］そこから逃れようとする。そして真実なるものにひそむ美に目を閉じる。人びとが真実なるもののなかに美を見はじめるとき、真の芸術が生まれるだろう。

ほんとうに美しい芸術作品は、真実なるものへの正しい直観力がはたらくときに生まれる。そういう瞬間《とき》が人生に訪れるのは稀れだというなら、芸術においても、そのような瞬間は稀れである。

## 11
## 芸術は目的に至る手段

「芸術のための芸術」を追求していると主張する人たちは、彼らの主張を現実に立証することはできない。［たしかに］芸術とは何かと、あらためて問うことはせずとも、人生における芸術のあるべき場所は存在する。しかし芸術は、わたしたちのだれもが成し遂《と》げなければならない目的に至る一つの手段になりうるだけである。にもかかわらず、芸術それ自体が目的になるならば、それは人間性を奴隷にし、堕落させることになる。

## 12

音楽を知るということは、音楽を生命《いのち》に移入することである。

13

## ネルーへ

南アフリカでのわたし自身の経験を話させていただきましょう。わたしたちは南アフリカでは、あらゆる種類の情報を獄中のわたしたちのもとに送らせていました。わたしの初めての獄中生活の最初の2、3日間は、断片的なニュースを受けとるだけでけっこう満足していました。しかし、すぐにわたしは、そのような非合理的な満足感を求めることがまったく無益であることを知りました。わたしは［獄中では］なにも行動できませんでした。わたしは適宜メッセージを送ることもできませんでした。わたしはただ、いたずらに苦悩していました。わたしは、獄窓から運動を指導することは自分にはできないことを思い知ったのです。そこでわたしは、外にいる人たちと会って、自由に話せるようになるまで待つほかはありませんでした。それから、このことはわたしを信じて聞いていただきたいのですが、わたしは獄中でなにかを判断するのは自分の本分《ぶん》でないと考えましたので、［獄中では］ただ学問的な関心だけをもつことにしたのでした。そしてわたしは、そのことでは自分はほんとうに正しかったと思っています。わたしはよく覚えていますが、わたしがいつも牢獄から釈放されるときまでいだいていた考えは、釈放されて自分で直接情報を入手してみると、すぐに修正されるのでした。いずれにせよ、牢獄の雰囲気ではすべての問題を正しく思考することはかないません。それゆえにわたしは、あなた❖に外界のことはすべて念頭から忘れ去り、その存在すら無視してもらいたいのです。これはたいへんむずかしい課題であることは承知しています。けれども、あなたがなにか大きな研究や手仕事を始めれば、あなたはそれをすることができましょう。

❖　独立インドの初代首相ジャワーハルラール・ネルーを指す。1921年ネルーは、ガンディーの第1回非協力運動に殉じて、初めての下獄を体験したとき、牢獄の日々の無為な生活に疲れ果て、ガンディーに助言を求めた。本文は、そのときガンディーからネルーに宛てた書簡の一部である。ネルーは生涯、ガンディーのこの勧《すす》めに従い、『世界史瞥見』や『インドの発見』などの大著を獄中で書いた。

## 14
## 魂の品位

「怒りなき心をもって怒り［瞋恚《しんい》］を克服せよ」と、尊師ブッダは説いている。ところで、言うところの「怒りなき心」とは何か。それは積極的・前向きな性質《もの》で、慈悲または愛の最高の美徳を意味する。あなたがたはこの最高の美徳に目覚めなければならない。この美徳が［具体的に］表われるのは、あなたがたが怒れる人のもとに出向いて、その人から怒りの原因をたしかめ、もしあなたがたが彼に不快の原因を与えていたならば、それを改め、そうして彼に、彼のやっていることは間違いであることを気づかせ、腹を立てるのは誤りであることを悟らせるときである。こうした魂の品位を意識し、それを慎重に実行に移すことは、人間だけではなく、周囲の環境をも高めることになる。もちろん、かの愛をもつ者だけが、それを実行できることは言うまでもないが、この愛は、日常のたゆまぬ努力によって高め深められることはたしかである。

## 15
## 憎悪は精神を窒息させる

憎悪はナショナリズム［愛国主義精神］にとって不可欠ではない。民族的な憎悪は、愛国精神を窒息させるだろう。

## 16

憎悪は愛によってのみ克服されうる。憎しみにたいするに憎しみをもって応じることは憎悪の深さばかりでなく、その幅をひろげるだけだ。

17

粗暴さは冷静さによって、憎悪は愛によって、無気力は情熱によって、そして闇は光りによって克服される。

18

わたしたちの闘争《たたかい》は、わたしたちの非暴力が暴力や憎悪を覆い隠すための仮面でも、また近い将来、あるいは遠い将来にひそかに暴力を準備するものでもないことを、世に示すことにある。

19

この上なく頑《かたくな》な心と度しがたい無知とは、怒りや悪意を知らぬ、昇りゆく苦悩の太陽の前に霧散しなければならない。

20

人が誤りを告白することに敗北はない。告白そのものが勝利だからである。

21

誤りを所有しているのは、最高によいことである。そうすることはたしかに、わたしたちの力を増幅してくれる。誤りは、それが正されるとき、誤りではなくなる。

22

## 民衆とともにいる

わたしは、民衆をよく知っていると自認している。二十四時間、四六時中わたしは民衆とともにいる。わたしがつねづね、いちばん心にかけているのは彼らのことである。なぜならわたしは、物言わぬ民衆の心のなかに見出される神のほかに、どんな神をも認めないからである。彼らは、彼らの内なる神の存在に気づいていないが、わたしはそれを認めている。そしてわたしは、そうした民衆に仕えることによって、真理である神を、すなわち神である真理を礼拝しているのである。

23

もしかりに、あなたがたがふたたび正気を失うようなことがあれば、あなたがたはまっさきに、わたしを殺さなければなりません。

24

商人たちが、真実は商売には通用しないと言うのを、わたしはつねづね耳にしてきた。けれどもわたしは、そのときもそのとおりだとは思わなかったし、いまもそんなふうには考えていない。

25

## 刑務所は病院でなければならない

犯罪者はすべて、病人として扱われるべきであり、刑務所は、この種の患者に処置と治療を施す病院でなければならない……刑務所の職員《スタッフ》の服装は、病院の医師や看護婦のようでなければならない……彼らはどんなことがあろうと犯罪者たちを叱責するためではなく、精神の健康を回復させる手助けをするためにそこにいるのである。

26

囚人は、犯罪者として軽蔑され、みくだされるのではなく、［精神的］障害者として扱われなければならない。看守たちは、囚人にとって恐るべき存在であることをやめ、また刑務所の役人たちは囚人の友人、指導者となるべきである。

27

## 公共施設は一日一日を生きていかなければならない

公共施設を基金で運営するというのは好ましくないと、わたしは確信するようになった。基金はそれ自体のうちに、施設の道徳的退廃の種をやどしているからである。公共施設というのは、一般人の賛同と、人びとの基金で経営される団体ということである。このような施設は一般からの支援が得られなくなったとき、存続する資格を失うことになる。［ところが］基金で維持されている公共施設が、一般人の意見を無視するような事態がよく見うけられるし、［それどころか］しばしば民意に反するような行動をとることもある。わが国では、随所でそのような事象を見聞きする。いわゆる宗教財団が経理を公表するのをやめてしまったという例もある。財団の理事たちが施設の所有者になってしまい、だれにたいしても責任を負おうとしない。理想は、［生産と消費を繰り返す］自然のように、公共施設は、一日一日を生きていかなければならないことを、わたしは信じて疑わない。一般人の支援を得られなくなった施設は、それ自体、存続する資格はない。施設が人びとから毎年受けとる年会費が、施設の評判と、管理経営の是否を問う試金石である。したがって、わたしの見解では、すべての施設の存続は公の判断に委ねるべきである。ただし、誤解のないように言っておくが、以上述べたことは、活動の性質上、半永久的な建物なしには運営できない団体には適用されない。わたしが言いたいのは施設・団体の経営支出は、毎年自由意志で寄せられる年会費でまかなわなければならない、ということである。

28

## ジャーナリズムの唯一の目的は奉仕

『インディアン・オピニオン❖』紙を創刊した最初の月に、ジャーナリズムの唯一の目的は奉仕でなければならないということを、わたしは悟った。新聞は強大な力である。しかも、解き放たれた水流が村という村すべてを水浸しにし、作物を全滅させるように、無統制なペンは破壊の役に立つのみである。もちろん、統制が外部《そと》からかかるばあいは、それは無統制よりも有害なことは言うまでもない。統制は、内部《うち》からおこなわれるときにのみ有益である。もしこの理論の路線が正しければ、世界の新聞のうち、どれだけがこの条件に耐えうるだろうか。とはいっても、無用な新聞を誰がさし止めするのか。そして、誰が無用かどうかの判断をくだすのか。有用な新聞と無用な新聞は、一般的に善悪と同じように並存している。したがって、読者は自ら有用な新聞を選択しなければならない。

❖ **『インディアン・オピニオン』紙。**1904年に、南アフリカでガンディーが発刊したグジャラート語と英語による運動の機関紙。ガンディーはこれを闘争の強力な武器として毎号論陣をはり、民衆を啓発し、同時に敵をも教化せんとした。

## 29

わたしはジャーナリズム［新聞発行業務］を、そのこと自体を目的としてではなく、自分が人生の使命と考えてきたものの一助としてのみおこなってきた。ここに言うわたしの使命とは、きびしい制約のもとでの実例と教示によって、非暴力と真理の結果であるサッティヤーグラハの無敵の武器の使用を教えることである。……したがって、わたしの信念に忠実であるためには、わたしは怒りや悪意をもってものを書くことはできない。またわたしは、安閑《のんびり》とものを書くことや、情熱の赴くままにものを書くことはできない。

読者は、話題《トピックス》や用語の選択で、毎週毎週わたしが経験している苦心のことなど、考えもしないだろう。それは、わたしには一つの修練である。そうすることで、わたしは自らを顧《かえり》み、自らの弱点を発見するのだ。しばしばわたしは、虚栄心から気のきいたいきな表現にはしったり、怒りから辛辣な形容語句を口述することもある。それは苦しい試練であるが、そうした雑草を除去するのも、またすばらしい仕事である。

30

新聞は事実を知り、学ぶために読まれるべきである。個人の独自な思考を抹殺するようなことは、新聞にはあってはならない。

31

ジャーナリズムは、利己的な目的のために、あるいは生活費をかせぐためだけに、さらに悪いのは、蓄財のために操《みさお》を売るようなことをしてはならない。

32

ジャーナリストの特別な役割は、国民の心を読みとり、その心に明快な、恐れなき表現を与えることである。

33

新聞記者は歩く悪疫になってしまっている。彼は虚偽と中傷の病菌をまきちらすのだ。

34

新聞は一般庶民には、教典よりも重要なものになってしまった。

35

新聞は今日、『聖書』や『コーラン』や『ギーター』や、その他諸宗教の教典に、ほとんど置き代わってしまった。

## 36
## 身体を清く穢れなきものに保っておく

わたしたちの身体は、それを用いて神に献身的に奉仕しなければならないとの了解のもとに、わたしたちに賦与されたものである。[したがって] 最期 [死] の秋《とき》が来たときに、それを賦与者 [神] にお返しするために、外からも内からも、身体を清く穢れなきものに保っておくことがわたしたちの義務《つとめ》である——わたしたちがそれをいただいたときの清浄な状態のままに。

## 37
## 性格の純正さ

肉体と精神の関係は、きわめて緊密なるがゆえに、そのいずれかが病むと、生体系全体に狂いが生じる。したがって、性格の純正さは、真の意味での健康の基本《もと》である。邪念や欲情は、形を変えた病といえよう。

## 38
## 健康と衛生の法則

健康と衛生の諸法則についての無知・無関心が、人類の引き継いできた大多数の病気の原因であることは、疑いの余地はない。わたしたち [インド人] のあいだの高死亡率そのものは、主として惨めな貧困によるものであることはたしかであるが、国民が健康と衛生について適切な教育を受ければ、死亡率も緩和できよう。

Mens sana in corpore sano（「健康な身体に健康な精神がやどる」）というのは、人類にとって第一法則である。健康な身体に健康な精神がやどるのは、自明の理《ことわり》である。精神と肉体とのあいだには、必然的な関係がある。わたしたちが健康な精神をもっているなら、わたしたちはいっさいの暴力を避けるだろうし、また当然のことながら、健康の法則に従って、労せずして健康な身体をもつことになるだろう。

健康と衛生の基本的な法則は、簡単明快で、容易に修得できる。むずかしいのは、法則を遵守することである。ここに、そのいくつかをあげてみよう——

限りなく純粋な思念をいだくこと、怠惰な思いや不純な思いはすべてを消し去ること。

日夜、新鮮な空気を呼吸すること。

肉体労働と知的作業のバランスをはかること。

真直ぐに立ち、背筋をのばして座り、所作の一つ一つが端正で清らかであること。また所作の一つ一つを、あなたの内なる心の状態の表現たらしめること。

世の人に奉仕すべく、生きるために食うこと。己の欲望をみたすために生きてはならない。それゆえあなたの食事は、精神と肉体を健康な状態に保つためのもので十分である。人［格］は食によってつくられる、ということである。

水や食物や空気は、清潔でなければならない。そのときあなたは、自分だけ清潔にすることでは満足しなくなるだろう。すなわちあなたは、それら三要素を自分のために望む清潔さをもって、周囲の環境を浄化することになるだろう。

39

## 他人から健康を借りることはできない

病める人には、自ら努力することでよくなるという希望《のぞみ》がある。彼は他人から健康を借りることはできない。

40

## 喫煙は悪徳である

わたしは、飲酒を嫌うのと同じくらい喫煙が嫌いだ。喫煙は悪徳だと、わたしは考える。それは人の道義心を失わしめ、無意識のうちについつい手を出すので、しばしば飲酒よりも始末が悪い。それは、ひとたび人を虜《とりこ》にすると、なかなか徐去しがたい習慣である。そのうえ、金のかかる悪習でもある。喫煙は息を汚し、歯を変色させ、時には癌の原因にもなりかねない。それは不潔な習慣だ❖。

❖ 今日では医学的常識になっている喫煙の弊害を、ガンディーが1920年ごろにいちはやく（たぶん彼の直観によって）指摘したというのは興味深い。

## あとがきに代えて
# マハートマ・ガンディーと私

20世紀前半のインドに、「マハートマ（偉大なる魂）」の尊称で民族の希望と崇敬を一身に集め、アヒンサー［非暴力・愛］と無所有の精神をもって、当時「陽《ひ》沈むことなき帝国」と呼ばれた世界最強の大英帝国に立ち向かった半裸の政治的・宗教的・思想的指導者が実在したことは、いまも世界の記憶に新しい。彼は200年にわたる西洋の植民地支配の搾取と桎梏から祖国を解放したばかりではなく、世界からいっさいの宗教的対立と民族的憎悪をとり去ることを祈念し、21世紀の人類の存続と平和共存への方向を指し示した時代の予言者でもあった。

私がこの異国の精神的政治指導者の名前をはっきり意識した日のことは、忘れもしない、私が中学2年生の時であった。このエピソードはすでに、テレビやラジオ、著書などでもいくたびか伝えてきたが、ある意味で、それは私の小さなガンディー研究の出発点と考えられるので、ここに繰り返すことをお許しいただきたい。いま、その事件を歴史年表で調べると、1943年（昭和18年）2月のことである。

ある日、私は友人と自室で新聞を読みながらだべっていた。戦争中のことだから、たぶん二人の愛国少年は、新聞の報じる日本軍の勝利のニュースかなにかに胸をときめかせていたのだと思う。そのときふと、インドの政治家ガンディーが21日間の断食に入ったという小さな記事が目にとまった。二人の中学生は喫驚《びっくり》して、人間21日間もなにも食べずに生きてゆけるものだろうかとか、一人の指導者が食を断ったところで、それが政治的になにほどの効果があるのだろうかなど、いかにも少年らしい素朴な疑問を出し合って議論を始めた。

それから私が、歴史の授業で聞いたとおり、日本軍はいまアジアの国々を西洋列強の植民地主義の魔の手から解放するために戦っており、インドにも援助の手をさしのべているが、インド独立運動の総師であるガンディーという爺さん、なかなかの頑固者で、やせがまんをはって、インドは自分たちの手で独立するのだと言ってがんばっている。しかし、内心はたいへんな親日家で、彼が日本側につくのは時間の問題であり、そうなれば、日本の大東亜建設の夢はすぐにも実現されるだろうと、まあ、こんな先生の話の受け売りをやって悦に入っていた。

そのとき、不意にガラッと襖が開いて、そこに父が立っていた。たぶん私たちの声が、隣室の父の耳に届いていたのだろう。「おまえたちの先生は思い違いをしている。ガンディーさんは間違っても、日本軍の手など借りはしない」と、語気を強めて父は言った。ついぞ学校や先生の批判などしたことのない父のこの言葉に、さすがに議論好きな生意気ざかりの少年の私も、しばらくあっけにとられて父の顔を見ていた。それから父は、「ガンディーさんは信念の人だ。でなければ、国民のために生命《いのち》を張って21日間も断食などできるものではない。その人がいったん自分たちの手で独立すると国民に誓った以上は、約束をひるがえして、外国の軍隊の助けを求めるはずはないではないか」と、語気をやわらげ、諭すように言った。

私の父は市井の平凡な一市民で、とくにガンディーの著書や伝記を読んでいたとか、戦況やインドの情報につうじていたとは考えられない。ただ新聞やラジオで伝えられるかぎりの知識から、ガンディーにある種、特別な敬愛をいだいていたものと思われる。ともかくこのことがあってから、私は父の言葉が正しいか、それとも歴史の先生が正しいかを見きわめてやろうという興味にかられ、新聞やラジオでガンディーの名が伝えられると、熱心に読み、耳を傾けたことを覚えている。

それから数年間、時はあわただしく過ぎ去った。敗戦1ヶ月前の7月に、私たちの市《まち》は空襲で灰燼に帰し、9月に病を悪化させた父が亡くなった(こうして私は、ついに父の口から、あのとき、どうして父がガンディーについてあのように言ったのか、聞くことはできなかった)。「鬼畜米英」を叫んで育った戦中派の私たちには、いったいこれから何を信じ、何を心のよりどころとして生きていけばよいのかがわからなかった。いずれにせよ、あれほど憎悪し蔑《さげす》んでいた西洋の宗教や文明や文化が「神国」のそれらに勝利したのである。

翌年旧制大学の予科に入学した私は、西洋の精神と文化の基礎をなす(と思われた)キリスト教と、その歴史に関心をいだき、2年後神学部進学を希望した。1948年1月のある朝(正確には、ガンディー暗殺の翌日の1月31日の朝だったと思うが)、当時神学生寮で生活していた私は、朝食のあと数人の学生たちと食堂に居残って談笑していた。そこへ寮生の一人があわただしく入ってきて、「インドのガンディーが暗殺された」と言った。一同は驚き、互いに顔を見合わせた。一人が「どうして、なぜ」と聞いたが、もちろん報告者に答えられるはずはなく、みんないくらか沈痛な面持ちで自室にひきあげた。

その夜私は、数年前の中学生時代の父の言葉を思いかえし、どうしてもガンディー暗殺の経緯《いきさつ》を知りたいと思ったが、インドの政治や社会情勢の背景、宗教事情がかいもくわからず、取りつく島はなかった。ガンディーが、紀元前5世紀ブラーフマナ(バラモン)を頂点とするバラモン教社会の全盛期に、果敢にも「四姓平等(ガンディーの場合は四姓のみならず、最下層に位置づけられた不可触民の解放にも努めた)」を説いた仏陀の直系の精神的後裔であることを知ったのは、後年のことである。ともかく、そのときの私は、彼の壮絶な死と十字架のキリストの死を重ね合わせ、この人の生涯と思想の真相を知りたいと願った。

いっぽう、そのころ私は西洋の人道的《ヒューマニスティック》な文学作品——わけても、フランスの生粋《きっすい》の人道主義作家ロマン・ロランの小説や伝記・論文に傾倒していた。そんなある日、私は大学の近くの書店に吊るされたポスターで、はからずもロランの『ガンディー伝』の刊行の予告を見て驚喜した。あのロランに、私の探し求めていたガンディーの伝記がある！　しかも訳者は、日ごろ教室で謦咳《けいがい》に接していたロラン研究の第一者の一人である宮本正清先生であった。早速私は一冊を予約して、出版を鶴首して待った。私がその本を手にした夜は、まさに「巻を措《お》くをあたわず」の思いで、明け方までかかって一冊を読みとおしたことを覚えている。それまでは、ただ断片的な知識だけで、遠くから畏敬していたガンディーの人間像が、はっきりと私に近づいてきたのである。それはまさしく「宇宙の生命と合致せる人」（ロラン）の伝記であった。いくらかきざな表現であるが、このとき、ロマン・ロランとガンディーの精神が私の心のなかで固い握手を交わしたのである。それは、東と西のユニティーであり、私が生涯求めつづけてきたユニヴァーサルなものの象徴であった。

この本のフランス語の原典（208ページ）の上梓は、1924年で、それはガンディーが南アフリカでの同胞の人権獲得闘争からインドに帰り、いよいよ祖国解放に向かって第一回非協力運動を展開した直後であり、ガンディー五十五歳のころである。当時インドでは、ガンディーの政治手腕は、国民的なレベルではまだ未知数であったし、評価もまちまちであった。非暴力を武器として、素手で大英帝国に立ち向かうというのは、ことによると、途方もないドン・キホーテ的な試みと思われていたかもしれない。ロランは自著をガンディーに送り、もしこの書に誤りがあれば指摘していただきたいと申し出た。これにたいして、ガンディーはこのように書いた――「あなたがご論説のなかでところどころに過ちをおかしたとしても、なにほどの問題《こと》がありましょう。わたしにとって驚くべきことは、あなたがほとんど過ちをおかしていないということです。……このことは、人間性はそれぞれ異なった空の下で開花しても、本質的には一《ひと》つなのだということをあらためて立証しています。」たしかに驚くべきは、ガンディー伝として年代的に未完のこの書が、その後の四半世紀のガンディーの思想と行動の本質をみごとに照射していることである。なお、この間の消息は、アメリカのジャーナリスト、ルイス・フィッシャーの名著『ガンジー』(古賀勝郎訳、紀伊国屋書店、1968) によって補完されたのも、うれしい思い出である。

こうして、ガンディー(とインドの国民的詩人ラビンドラナート・タゴール)を軸とする半世紀にわたる私のささやかな、と同時に一途《いちず》な近代インド思想の研究が始まった。

ところが先年(2004年1月)、はからずも私は胃癌を告知され、手術を受けた。幸い、主治医や周囲の医療関係者たちのあたたかい看護と、家族の大きな愛情に支えられて、回復は目に見えて早く、術後10日目くらいから、私は病室に本を持ち込んで仕事を再開した。さて私は、せっかく生かされたこれからの新しい人生の日々を、なにか新規な研究テーマに向けることも考えたが、生来が不器用で融通のきかない自分には華麗なる転身や変身は望めそうにない。それよりも、長年歩みつづけてきた一筋の道の延長線上で、集大成というようなおおげさなものではなく、私なりのガンディーへの感謝と讃仰をささげたいと考えた。

そういえば、従来の日本のガンディー研究は歴史研究が主流であり、この方面のすぐれた著作も出版されているが、ガンディーの人格と思想の普遍的なオリジナリティーを解説した良書に乏しいのを、つねづね私は遺憾に思ってきた。歴史や時代に生きながら、それらを超えたガンディー思想を一書にまとめることを、私は思いついた。とはいっても、彼の哲学思想を、いわゆる体系に封じこめることは無謀な努力であろう。なによりもまず、謙虚に彼の肉声に耳を傾け、そこから彼の人間や行動の原理を問うほかに、ガンディー哲学への手がかりはない。そこで本書では、まずガンディーのことばを八つのキーワードにくくり、これに『自叙伝』からと「断想」を加え、章ごとに解説をほどこした。したがってそれらは、発言のいわゆる資料的(年代や事件の背景を示す)な解説ではなく、むしろそこから、ガンディー思想の今日的意義を問う手がかりとなることを願ったものである。

2005年秋に、私はインド政府の文化関係会議から招聘され、娘に伴われて、病後はじめて二週間の海外旅行に出かけた。招待者は受け入れに先立って、当方に訪問希望地を問い合わせ、詳細な旅程を作成してくれた。私はガンディーの郷里やアーシュラム（修業道場）など、これまでにもいくたびか訪れたことのある、マハートマゆかりの地の再訪を希望した。私はそれまでこれらの地を訪ねるたびに、生きてふたたびこの地に立つことはあるまいと考えてきたが、今回はその思いがいっそう強かった。帰国前日の10月1日の夕べに、ガンディー終焉の地ビルラー邸跡に設立されたガンディー記念館で開催されたガンディー生誕（10月2日）記念祭に、私は特別ゲストとして招かれ、記念講演をおこなう栄誉に浴した。それは私にとって、人生最上のよろこびの一つであった。

末段ながら、本書の企画から完成までの4年間、たえず忍耐強い激励と熱い協力を惜しまれなかった人間と歴史社の佐々木久夫社長と、編集担当の鯨井教子さんにあらためて感謝の意を表したい。なお、本文各節に付した小見出しはすべて、佐々木氏のガンディー思想への熱い共感《おもい》のたまものである。

本書の編集にあたっては、ガンディーの全著作を収録した『ガンディー全集』（The Collected Works of Mahatma Gandhi, The Publications Division, Government of India, vol 1～vol 93）を底本とし、インド、イギリス、アメリカで出版された数多くのガンディー・アンソロジーを参考にした。なかでも、すぐれたアンソロジーの日本語版『抵抗するな・屈服するな』（K・クリパラーニー編、古賀勝郎訳、朝日新聞社、1970）、ならびにガンディー『私にとっての宗教』（竹内啓二ほか訳、新評論、1991）からは多大の示唆を得たことを特筆したい。

2008年2月　森本達雄

編訳者紹介

森本達雄（もりもと・たつお）

1928年和歌山市に生まれる。同志社大学神学部卒業。インド国立ヴィシュヴァ・バーラティ大学準教授、名城大学教授を経て、現在名城大学名誉教授。現代インド思想・文学専攻。

著書：『ガンディー』（講談社）、『インド独立史』『ヒンドゥー教――インドの聖と俗』（中公新書）。

訳書：『タゴール著作集』（第三文明社）、『インドのうた』（法政大学出版局）、ガンディー『わたしの非暴力』、ネルー『忘れえぬ手紙より』（以上、みすず書房）、K・クリパラーニ『タゴールの生涯』〈上〉〈下〉、『ガンディーの生涯』〈上〉〈下〉、ガンディー『わが非暴力の闘い』『非暴力の精神と対話』（以上、第三文明社）、『タゴール　死生の詩』（人間と歴史社）ほか。

# ガンディー「知足《ちそく》」の精神《せいしん》


2008年 3 月20日　初版第 1 刷発行

著　者　モーハンダース・カラムチャンド・ガンディー

編訳者　森本達雄《もりもとたつお》

発行者　佐々木久夫

発行所　株式会社 人間と歴史社

東京都千代田区神田駿河台3-7　〒101-0062

電話　03-5282-7181（代）

FAX　03-5282-7180

装　丁　妹尾浩也

印刷所　株式会社シナノ





ISBN978-4-89007-168-5

# アーユルヴェーダ
# ススルタ
# 大医典

Āyurveda
Sushruta Samhitā

K. L. BHISHAGRATNA【英訳】
医学博士 伊東弥恵治【原訳】 医学博士 鈴木正夫【補訳】

---

## 現代医学にとって極めて刺激的な書
**日野原重明** 聖路加国際病院理事長・名誉院長

## 「エビデンス」と「直観」の統合
**帯津良一** 帯津三敬病院理事長

## 「生」の受け継ぎの書
**大原　毅** 元・東京大学医学部付属病院分院長

### 人間生存の科学
――「Āyuruvedaの科学は人間生存に制限を認めない」

### 生命とは何か
――「身体、感覚、精神作用、霊体の集合は、持続する生命である。常に運動と結合を繰り返すことにより、Āyus（生命）と呼ばれる」

### 生命は細胞の内に存在する
――「細胞は生命ではなく生命は細胞の内に存在する。細胞は生命の担荷者である」

### 生命は「空」である
――「内的関係を外的関係に調整する作業者は、実にĀyusであり、そのĀyusは生命であり、その生命はサンスクリットでは『空』（地水火風空の空）に相当する、偉大なエーテル液の振動である」

**定価：39,900円（税込）**
A4判変型上製函入